PRESENT-DAY

VOLUME

J. R. SCA

M.A. (OXON.), B.A. (LONDON)
St. Edward's School, Oxford

Illustrated by
Oxford Illustrators

A Division of Pergamon Press

A. Wheaton and Company Limited
A Division of Pergamon Press
Hennock Road, Exeter EX2 8RP

Pergamon Press Ltd
Headington Hill Hall, Oxford OX3 0BW

Pergamon Press Inc.
Maxwell House, Fairview Park, Elmsford, New York 10523

Pergamon of Canada Ltd
Suite 104, 150 Consumers Road, Willowdale, Ontario M2J 1P9

Pergamon Press (Australia) Pty Ltd
P.O. Box 544, Potts Point, N.S.W. 2011

Pergamon Press GmbH,
6242 Kronberg/Taunus, Pferdstrasse 1, Frankfurt-am-Main,
Federal Republic of Germany

First edition 1967
Reprinted, 1969, 1971, 1972
Second edition 1977
Reprinted 1980

Printed in Great Britain by A. Wheaton & Co. Ltd, Exeter

ISBN 0 08 020559 3 non net
0 08 020717 0 net

CONTENTS

PREFACE

THIS volume has been organized on the same lines as *Present-day Spanish* Volume 1, except that the grammar has been put in a separate section at the back, together with an index. Each chapter contains a reading passage, with a vocabulary of words not included in Volume 1. Comprehension is tested by ten questions which appear after each of these Spanish passages.

The conversation passages may be practised on the same lines as indicated in the Preface to Volume 1, i.e. the dialogues should first be read out to the class to indicate the correct pronunciation. Then the class can be divided into pairs to practise the dialogues, while the teacher summons the different pairs to check their accents. Alternatively, the dialogues can be used as playlets in the classroom. Finally the teacher asks the class to close their books while he tests their comprehension by reading the passage aloud at the Spaniard's normal speed.

The grammar is introduced fairly gently, I hope, with a little revision and some new points to be learned. This is followed by exercises testing, as thoroughly as possible, the grammatical points which the pupil has learnt, and finally, each chapter has a passage of prose and a question on free composition.

After every five chapters there are revision exercises to ensure that both the grammar and vocabulary have been fully assimilated. At the end of these revision exercises there are questions in Spanish to help the student with the oral exam. There are also a few summaries on pages 129–131 which may be used either for revision or for practice in aural comprehension.

Once again I am grateful to those pupils of mine who volunteered to work through the exercises and whose comments, from the pupils' point of view, were extremely helpful. Likewise, I wish to express my gratitude to my English and Spanish friends who have read through this volume and been most generous in their help and advice.

J. R. S.

ACKNOWLEDGEMENTS

I AM grateful to the following for permission to include copyright material in this book:

Doña María Pérez Galdós, Vda. de Verde for the extract from *Trafalgar*.
Don Fernando Sirvent for the extracts from *José*, *Riverita*, and *La Novela de un Novelista*.
Don Luis Ramón y Cajal Fañanás for the extracts from *Mi Infancia y Juventud*.
Don Joaquín Edwards Bello for the extract from *El Bandido*.
Don Fernando de Unamuno for the extract from *Niebla*.

I have been unable to trace the copyright holders of the extracts from the following:

El Colocolo by Manuel Rojas.
El Chiflón del Diablo by Baldomero Lillo.

Chapter 1

VACACIONES EN ESPAÑA. LA LLEGADA AL HOTEL

JUAN; EMILIA, SU ESPOSA; EL RECEPCIONISTA; EL MOZO

(*Juan y Emilia están de vacaciones en España. Juan está conduciendo su coche*)

JUAN: Ya es tarde. Debemos buscar un hotel cuanto antes.

EMILIA: Allí veo uno. Es el Hotel Espléndido.

JUAN: A mí no me parece tan espléndido.

EMILIA: No importa. Vamos allí y preguntemos si tienen una habitación libre.

(*El coche llega a la entrada del hotel*)

JUAN: ¿Dónde está la recepción?

EMILIA: Allí está, junto al vestíbulo.

JUAN: Ah, sí. Ya veo al recepcionista.

RECEPCIONISTA: Buenos días, señor.

JUAN: Buenos días. ¿Tiene Vd. una habitación libre con dos camas y cuarto de baño?

RECEPCIONISTA: Lo siento mucho señor, pero el hotel está lleno.

EMILIA: ¡Qué fastidio! Estoy muy cansada. No podemos ir al próximo pueblo. Está demasiado lejos.

JUAN: ¿No tiene Vd. ni una sola habitación?

RECEPCIONISTA: Creo que no, señor, pero voy a ver.

(*Consulta un gran libro. Parece muy preocupado. Vacila unos momentos*)

EMILIA: ¿Tiene alguna habitación?

RECEPCIONISTA: Sí, señora, pero . . . no es una de las mejores.

JUAN: No importa. Sólo será por una noche.

RECEPCIONISTA: Como Vd. quiera, señor. (*Llama al mozo*) ¡Paco!

(*El mozo, Paco, viene del ascensor*)

RECEPCIONISTA: Suba Vd. el equipaje a la habitación número noventa y dos.

MOZO: Sí, señor. (*A Juan y Emilia*) ¿Quieren Vds. acompañarme? Allí está el ascensor.

(*Suben al tercer piso y llegan a la habitación número noventa y dos*)

MOZO (*abriendo la puerta*): Pase Vd. señora.
EMILIA: ¡Qué habitación más hermosa!
JUAN: Y hace bastante fresco aquí ¿verdad?
MOZO: Sí, señor, es muy agradable y tranquila.
JUAN: ¿Por qué vaciló tanto tiempo el recepcionista cuando le preguntamos si había una habitación libre?
MOZO: Pues . . . no sé cómo explicárselo. Esta parte del hotel es muy antigua. El fantasma de José Navarro, el famoso asesino, va a aparecer esta noche y no le gustará tropezar con huéspedes en esta habitación. Pero no se preocupen Vds. Es una habitación muy bonita y las camas son blandas y cómodas.

VOCABULARY

It is important that the pupil should learn this vocabulary before going on to the rest of the chapter.

el ascensor lift
el asesino murderer
blando soft
la cama bed
cuanto antes as soon as possible
el equipaje luggage
el fantasma ghost
el fastidio nuisance

el huésped guest
junto a next to, close to
la llegada arrival
el mozo porter, "boy"
pase Vd. (*imperative*) Come in
suba Vd. (*imperative*) Take up, come up, go up
tropezar con to come across

Answer in Spanish the following questions:

1. ¿Por qué quiso Emilia buscar un hotel cuanto antes?
2. ¿Qué pensó Juan del Hotel Espléndido?
3. ¿Dónde estaba la recepción del hotel?
4. ¿Qué le preguntó Juan al recepcionista?
5. ¿Por qué estaba enojada Emilia?
6. ¿Por qué no podían ir al próximo pueblo?
7. ¿Qué hizo el recepcionista cuando Juan le preguntó la segunda vez?
8. ¿Cómo se llamaba el mozo?
9. ¿En qué piso estaba la habitación libre?
10. ¿Cómo era la habitación?

CONVERSATION PRACTICE: COMPRANDO REGALOS PARA LA FAMILIA

JUAN; EMILIA

EMILIA: No quedan más que cuatro días de vacaciones.
JUAN: No hables de eso, Emilia.
EMILIA: Tendremos que comprar unos regalos o recuerdos para la familia. ¿Qué compraremos para tu madre?
JUAN: Quizá le gustarían unos pañuelos y un abanico.
EMILIA: Está bien. ¡Ah! no te olvides de comprar un libro para mi hermana. (*Juan escribe en su libreta*)
JUAN: Sí. Le compraré una novela de amor.
EMILIA: Y debemos comprar unos juguetes para los niños de Anita. (*Juan sigue escribiendo en su libreta*)
JUAN: Juguetes para los niños. ... Cigarrillos para Luis y un par de castañuelas para Catalina. Eso será suficiente. Creo que no hemos olvidado a nadie.
EMILIA: Sí, querido, has olvidado a mi madre, a tío Miguel, a tía María, que está en el hospital, a los ocho niños de mi prima Conchita, y también a Carlos, a Dolores, a sus niños y —
JUAN: ¡No podemos comprar regalos y recuerdos para todo el mundo!
EMILIA: Ellos siempre compran regalos para nosotros, de modo que nosotros debemos hacer lo mismo con ellos.

JUAN: Me voy inmediatamente.

(*Juan sale. Tres horas después vuelve*)

JUAN: He comprado todo lo que me has pedido. He traído tantas cosas que casi me he roto el brazo trayéndolas.

EMILIA: Pero, Juan, ¿para quién has comprado esta gran botella de coñac?

JUAN: Es para tía María.

EMILIA: ¡Para tía María! pero tú sabes muy bien que no le gusta el coñac.

JUAN: Ah, querida, tú no la conoces tan bien como yo.

VOCABULARY

El abanico fan
las castañuelas castanets
el coñac brandy
estar de vuelta to be back
el juguete toy
la libreta notebook
la novela novel
un par a pair
el recuerdo souvenir, memory
roto (**romper**) broken

GRAMMAR

Revise: The Article, Rules 1 to 6 pages 132–134; Position of Object Pronouns, Rule 22a page 145.

Learn: The formation of the Subjunctive, Rule 89 pages 186–187; The Imperative, Rule 65 pages 165–166.

EXERCISES

1. Give the Spanish for:

1. His father is a doctor.
2. Henry is an actor.
3. Philip is a soldier.
4. My uncle is an architect.
5. His friend is a lawyer.
6. His father is a famous doctor.
7. Henry is an intelligent actor.
8. Philip is an old soldier.
9. My uncle is a clever architect.
10. His friend is a good laywer.
11. He teaches us English.
12. We learn History.
13. They study German.
14. I teach them Geography.
15. It costs fourteen pesetas a litre.

2. Give the Spanish for:

1. He is buying bread.
2. He has no wine.

3. A History lesson.
4. Brazil and the Argentine.
5. He speaks English.
6. They are learning Spanish.
7. They are at home.
8. He shook my hand.
9. He took off his hat.
10. He is about to do it.
11. On the edge of the sea.
12. Filled with fear.
13. He is in prison.
14. The cold water.
15. They teach us art.
16. His head aches.
17. Life is expensive.
18. Five hundred pesetas a kilo.
19. He has washed his face.
20. The worst of it all.

3. Give the Spanish for:

1. He is a fisherman.
2. For the first time.
3. Juan García, a man of about thirty.
4. Poor Philip.
5. He became a soldier.
6. He is a famous architect.
7. A few men.
8. Few people.
9. What a pity!
10. I have another house.
11. A friend's car.
12. I am a doctor.
13. Madrid, capital of Spain.
14. Valencia, the most beautiful city in the country.
15. Without a peseta.
16. A thousand things.
17. I have one.
18. Such a situation is impossible.
19. She is French.
20. The best idea.
21. Half an hour later.
22. A certain man.
23. What a nuisance!
24. I have no money.
25. A hundred times.

4. Give the third person singular of the Present Subjunctive of:

hablar, pasar, comer, vivir, perder, volver, pedir, dormir, morir, querer, pensar, poder, tener, venir, decir, caer, hacer, salir, oir, traer, valer, conducir, haber, dejar, ir, estar, dar, ser, ver, saber.

5. Give the third person singular of the Imperfect Subjunctive (both forms) of:

hablar, vivir, querer, saber, haber, perder, ir, poner, andar, hacer.

6. Put the verbs in brackets into the formal Imperative:

1. (Seguir) Vd. por esta calle.
2. No lo (hacer) Vd. ahora.
3. (Subir) Vd. el equipaje.
4. (Pedir) Vd. permiso.
5. No (olvidar) Vds. de hacerlo.
6. (Comprar) Vd. un regalo.
7. No (hablar) Vds. de tales cosas.
8. (Escribir) Vd. la carta.
9. No (ir) Vds. al café.
10. No lo (poner) Vd. allí.
11. (Decir) Vd. la verdad.
12. (Traer) Vd. el libro.
13. (Pasar) Vds.
14. No (preocuparse) Vd.
15. (Venir) Vds. a vernos mañana.

7. Turn into Spanish:

Juan and Emilia were on holiday in Spain. Juan was driving his car along a road when Emilia said it was six o'clock and they ought to look for a hotel as soon as possible. At that moment they were approaching a town and, a few minutes later, they saw a hotel on the other side of the road. They stopped and Juan entered the hall to see if there was a room free. The hotel was full, but the receptionist telephoned to another hotel and, a few minutes later, told Juan that they had a room free for one night. He came out of the hotel with Juan and showed him the way. "Follow along this street and soon you will come to the Station, which you can see there in the distance. Then, turn to the left and you will see the hotel (at) a hundred yards (metres) on the right."

8. Write a free composition of not more than 150 words, using the following outline. Tell the story in the Past Tense.

La llegada a un hotel misterioso

1. ¿A dónde viaja Vd? ¿A qué hora llegará Vd. al hotel? ¿Por qué ha llegado tan tarde? ¿Está desagradable y fría la noche?
2. ¿Está lejos el hotel? ¿Hay un feroz perro guardián? ¿Por qué no está contento el mozo? ¿Es alegre el vestíbulo?
3. ¿Por qué no hay otros huéspedes? ¿Es porque estamos en pleno invierno? ¿Funciona el ascensor? ¿Es cómoda la habitación?

Chapter 2

DE VACACIONES. VISITA AL CÓNSUL

EL TURISTA INGLÉS; LA CRIADA; EL CÓNSUL

TURISTA: ¿Vive aquí el señor cónsul?
CRIADA: Sí, señor. ¿Quiere Vd. verle?
TURISTA: Sí, por favor.
CRIADA: Voy a ver si puede recibirle. ¿Quiere Vd. pasar?
TURISTA: Gracias.
CRIADA: Siéntese por favor.
TURISTA: ¿Cómo se llama el cónsul?
CRIADA: Se llama Don Luis González.
TURISTA: ¡González! ¡No es un apellido inglés!
CRIADA: No, señor. Este puerto es tan pequeño que no hay cónsul inglés. El señor González trabaja para una compañía inglesa y siempre ayuda a los ingleses. Además, conoce muy bien al jefe de policía.
TURISTA: Así lo espero.
CRIADA: Aquí viene el señor González. (*Sale la criada*)
CÓNSUL: Buenos días, señor.
TURISTA: Buenos días. Estoy pasando unos días aquí con un amigo mío. Ahora mi amigo está en un apuro con la policía.
CÓNSUL: Lo siento mucho. ¿Qué le ha pasado?
TURISTA: Anoche estuvo en un café y empezó a discutir con un español.
CÓNSUL: ¿De qué se trataba?
TURISTA: Pues . . . mi amigo es pintor. Hablaban del arte moderno y, poco a poco, se fueron enzarzando en una gran discusión.
CÓNSUL: Nada más fácil cuando se habla de tales cosas.
TURISTA: Los dos habían bebido mucho vino —
CÓNSUL: El vino del país es muy fuerte.
TURISTA: Y luego empezaron a pelearse. El propietario del café mandó buscar a un policía.
CÓNSUL: ¿Y ahora los dos están en la cárcel?

TURISTA: Sí, señor.

CÓNSUL: Ahora ya estarán serenos y las diferencias entre sus puntos de vista artísticos no les importarán tanto.

TURISTA: ¿Qué se puede hacer?

CÓNSUL: Voy a telefonear al jefe de policía. Es un amigo mío. ¿Quiere Vd. disculparme un momento?

(*Sale para telefonear. La criada entra. Escondida detrás de la puerta, ha escuchado todo lo que han dicho el cónsul y el turista*)

CRIADA: La última vez que un turista borracho se peleó en un café, el juez le condenó a seis meses de cárcel.

TURISTA: ¡Seis meses!

(*El cónsul vuelve*)

CÓNSUL: Acabo de telefonear al jefe de policía. Su amigo ya está sereno y se ha disculpado. Van a soltarle en seguida, pero tendrá que pagar una multa.

VOCABULARY

el apellido surname
borracho drunk
condenar to condemn, sentence
enzarzarse en una discusión to get involved in an argument
el juez judge

la multa fine
el pintor painter
el propietario owner
el puerto port
el punto de vista point of view
sereno sober, calm, serene
soltar (ue) to release, let go, drop

Answer in Spanish the following questions:

1. ¿Por qué no hay cónsul inglés en este puerto?
2. ¿Por qué ayuda el señor González a los ingleses?
3. ¿Qué le ha pasado al amigo del turista?
4. ¿De qué discutía con el español?
5. ¿Qué hizo el propietario del café?
6. ¿Por qué?
7. ¿Qué hizo el cónsul?
8. ¿Qué hacía la criada mientras hablaban el turista inglés y el cónsul?
9. ¿Qué dijo la criada al turista inglés?
10. ¿Cómo sabemos que el amigo del turista inglés no pasará seis meses en la cárcel?

CONVERSATION PRACTICE: LAS NOCHES ROMÁNTICAS DE ESPAÑA

La inglesa: Juan

Inglesa: Dicen que en España las noches son muy románticas y que, bajo las estrellas, se oye sólo la música de las guitarras.

Juan: Sí, es posible, pero ¿quién se lo ha dicho?

Inglesa: He leído en un folleto que me dieron en la agencia de viajes que, durante las noches de verano, brilla la luna sobre el mar y que, a lo lejos, se oye sólo la canción triste de un joven, cantando a la reja de su novia.

Juan: Sólo oímos y vemos tales cosas cuando vamos a la ópera.

Inglesa: Según el folleto, la música es dulce como el soplo de la brisa murmurando entre las flores exóticas.

Juan: Es posible, pero desde mi habitación se oye a medianoche a los turistas vociferando en los cafés, y de vez en cuando, se oye también a los chicos que hacen un ruido infernal cuando pasan con sus motocicletas por las calles estrechas. Y además, no lejos de mi hotel hay un cine al aire libre. Esta semana proyectan una película que trata de la vida de un gran cantante italiano.

Inglesa: La música debe de ser muy agradable.

JUAN: Al contrario. Hace un ruido espantoso que dura hasta las dos de la mañana, hora en que por fin se cierra el cine.

VOCABULARY

la agencia de viajes travel agency
al aire libre in the open air
el cantante singer
espantoso frightful
la estrella star
el folleto brochure, pamphlet
el joven young man
a lo lejos in the distance
la luna moon
a medianoche at midnight
la motocicleta motorcycle
la película film
proyectar to project, show (film)
la reja window grating
el soplo breath, gust
tratar de to deal with
vociferar to shout

GRAMMAR

Revise: Accentuation, Rule 134 pages 209–210; Regular verbs, Rule 61 pages 161–162.

Learn: Subjunctive in main clauses, Rule 90; Subjunctive in subordinate clauses after verbs of ordering, wishing, asking, etc., Rule 91 pages 187–189.

Present and Imperfect Subjective (irregular form) pages 200–205.

EXERCISES

1. (*a*) Practise reading aloud:

acción acciones hacia hacía ciudad hablar hablo habló hable hablé ¿Está libre ésta? hijo magnífico hacen hábilmente jardín página hueso comedor.

(*b*) Give the reason for the accents on the following words:
periódico ¿Cuándo? país además tú católico río mí alemán ¡Cómo! vestíbulo según.

2. Give the first and third persons singular and plural of the Present, Imperfect and Future tenses of:

hablar, comer, vivir.

3. Give the Spanish for:

1. He knows the consul well.
2. Long live the king!
3. From time to time.
4. Would you excuse me for a moment?
5. Perhaps he will bring it tomorrow.
6. The wine must be very pleasant.
7. Nothing easier.
8. I wish that (would that) he would come now!
9. Let them all come!

10. He always helps Señor González.
11. Does Señora García live here?
12. Who told you that?
13. Allow me to help you.
14. Perhaps he has gone.
15. I have just telephoned the manager.

4. Give the Spanish for:

1. I want Elena to do it.
2. We doubt whether his brothers will finish it.
3. He asked María to come.
4. He wants Carlos to pay for it.
5. We want his mother to know it as soon as possible.
6. He advises us to do it.
7. He ordered me to give it to him.
8. They allowed her to go out at midnight.
9. He forbade me to tell it to him.
10. I advise you to go at once.

5. Give the Spanish for:

1. I want to do it.
2. I want you to do it.
3. We want María to come.
4. Her mother prevented her from going.
5. Tell John to come and see me.
6. He denied that he had said it.
7. We want you to know it.
8. He told us to arrive at two o'clock.
9. My mother forbids you to come in.
10. He ordered us to sell it.

6. Put the following Imperatives into the negative:

1. ¡Vete!
2. Muéstramelo.
3. Escribidnos ahora.
4. Venga a las siete.
5. Olvida a mi amigo.
6. Dámelo.
7. Habla de su hermana.
8. Págale ahora.
9. Contéstame.
10. Pídale Vd. permiso.

7. Turn into Spanish:

Last week my friend Philip was in trouble with the police. He was spending a few days with some Spanish friends in a small port. One day a policeman stopped him in the street and asked him to show him his passport. Philip did not have the passport at that moment, but said that he had left it in his bedroom.

However, when he returned to the house and went up to his bedroom, he could not find it and he had to tell the policeman that he had lost it. Then the policeman asked Philip to accompany him to the Police Station.

The Chief of Police was about to telephone the consul when Philip's Spanish friends arrived with the passport. They said they had found it under his table!

8. Write a free composition of not more than 150 words on the following subject. Use the past tenses.

Un paseo de noche en un puerto español

1. ¿Dónde está este puerto? ¿Qué hora es? ¿Hace mucho calor o hace fresco? ¿Viene alguna brisa del mar? ¿A dónde va Vd?
2. ¿Qué ve Vd. en la calle? ¿Hay muchos barcos en el puerto? ¿Brilla la luna? ¿Está tranquilo el puerto o hay mucho ruido? ¿Por qué?
3. ¿Hay mucha gente en los cafés? ¿Qué están haciendo? ¿Hay chicos en motocicleta? ¿Va Vd. al cine al aire libre? ¿A qué hora vuelve Vd. al hotel?

Chapter 3

LA VIDA SOCIAL. EN CASA DE LOS GONZÁLEZ

PACO; CATALINA

PACO: Buenas tardes, Catalina. Me alegro mucho de verte. No sabía que ibas a venir aquí esta tarde.

CATALINA: Sí. Conozco muy bien a esta familia.

PACO: ¿Por qué hay tanta gente aquí?

CATALINA: Es para celebrar el noviazgo de Juana, la hija de la familia González, que va a casarse con Manuel Esteban.

PACO: ¿Quién es Manuel Esteban?

CATALINA: Allí está, cerca de la mesa. Es el hombre gordo, con gafas negras, que está bebiendo vino y hablando en voz alta.

PACO: Está bebiendo desde hace una hora.

CATALINA: Manuel conoce a Juana desde hace muchos años.

PACO: ¿Es verdad que ella heredó una gran fortuna el mes pasado?

CATALINA: Sí. Ha muerto uno de sus tíos que vivía en la Argentina. Era soltero y Juana ha heredado toda su fortuna.

PACO: Y Manuel ha decidido por fin casarse con ella ¿verdad?

CATALINA: Sí.

PACO: ¡Es lástima que yo no lo hubiera sabido antes!

CATALINA: El amor es más importante que el dinero.

PACO: Así me dice mi madre, pero mi padre piensa lo contrario. La orquesta empieza a tocar. ¿Quieres bailar?

CATALINA: Sí, con mucho gusto.

(*Bailan durante algún tiempo*)

CATALINA: Los convidados se sientan a la mesa. Van a comer ahora.

PACO: ¡Qué aspecto tan maravilloso! Parece un verdadero banquete. Tenemos que sentarnos aquí.

CATALINA: Ahora todos van a beber a la salud de los novios.

PACO: Sí, pero ¿dónde están los novios?

CATALINA: Están en el jardín teniendo su primera pelea.

VOCABULARY

alegrarse to be pleased
el convidado guest
las gafas spectacles
heredar to inherit
el mes pasado last month
la orquesta orchestra
la pelea quarrel
la salud health
el soltero bachelor

Answer in Spanish the following questions:

1. ¿Por qué se alegra Paco?
2. ¿Por qué hay tanta gente en casa de los González?
3. ¿Cómo se llama el novio de Juana?
4. ¿Puede Vd. describir al novio de Juana?
5. ¿Qué está haciendo el novio de Juana desde hace una hora?
6. ¿Dónde vivía el tío de Juana?
7. ¿Qué aprendemos del tío de Juana?
8. ¿Cuál es la diferencia de opinión entre los padres de Paco?
9. ¿Por qué se sientan los convidados a la mesa?
10. ¿Qué están haciendo los novios en el jardín?

CONVERSATION PRACTICE: UN INGLÉS BUSCA A UNA ESPOSA ESPAÑOLA

El inglés; Antonio

Inglés: ¡Oiga, Antonio! ¿Puedes ayudarme?

Antonio: Sí. ¿Qué hay?

Inglés: Pues . . . ¿Conoces a aquella chica tan bonita que vi en la fiesta que dio recientemente Manuel?

Antonio: Ah, sí. ¿Te refieres a la morena con los ojos grandes? Es muy guapa y simpática.

Inglés: ¡Exacto! ¿Puedes decirme dónde vive?

Antonio: Vive en una casa magnífica en la Avenida de Colón. Su padre es muy rico.

Inglés: ¿De veras? Y ¿qué hace su padre?

Antonio: Es el dueño de una fábrica. Fabrican máquinas que exportan a muchas partes del mundo.

Inglés: Me dicen que las esposas españolas son trabajadoras y humildes y que siempre obedecen a sus maridos. ¿Es verdad?

Antonio: ¡¡Qué va!! Al contrario. Es el hombre quien debe someterse humilde y pacientemente a todos los caprichos de su esposa. Es una vida muy dura.

Inglés: Pero con aquella chica sería muy diferente.

Antonio: No debes olvidar lo que dice un novelista español: "El corazón femenino es un abismo de contradicciones y misterios."

Inglés: Estoy seguro de que aquella chica me quiere.

Antonio: ¿Por qué?

Inglés: Durante la fiesta hablamos mucho y me dijo cuánto le gustaban los ingleses.

Antonio: Es una chica muy educada, pero su padre es un hombre muy desconfiado.

Inglés: Quiero casarme con ella. ¿Crees que me dirá que sí?

Antonio: Creo que no.

Inglés: ¿Por qué no?

Antonio: Porque, la semana que viene, va a entrar en un convento.

Inglés: ¡En un convento!

Antonio: Sí. Es una lástima.

Inglés: No es una lástima. ¡Para mí es una tragedia!

VOCABULARY

el abismo abyss
el capricho whim
la compañía firm, business
conocer to know, meet
el corazón heart
el dueño owner
muy educado well-bred
humilde humble
la máquina machine, engine
la morena dark girl, brunette
¡Oiga! Listen!
el pelo hair
¡Qué va! Rubbish!
recientemente recently
referirse (ie-i) to refer
someterse to submit
la tertulia party, gathering
trabajador hard-working
veras; **¿de veras?** really?
la vida life
la voluntad will

GRAMMAR

Learn: Uses of the Present Tense, Rule 79 page 180; Subjunctive after verbs and expressions of emotion, Rule 92; Subjunctive after impersonal verbs, Rule 93; and Subjunctive after verbs of saying, thinking, etc., used negatively, Rule 94 pages 189–190.

EXERCISES

1. Give the Spanish for:

1. I have been living in Madrid for six months.
2. He has been working in London for many years.
3. It is important that he should do it.
4. We have been listening to Señor Martínez for twenty minutes.
5. I don't think he is in his office.
6. We have been waiting for Aunt María for an hour.
7. It is possible that he will see you.
8. I am sure that Juan will come this evening.
9. Do you think your friends will arrive in time?
10. He told me how much he liked my brother.

2. Put the verbs in brackets into the appropriate tense:

1. Es posible que Enrique lo (pagar).
2. Me alegro de que mi amigo (haber) venido.
3. Es lástima que el gerente no (hablar) inglés.
4. Puede que María (venir) esta tarde.
5. No creo que mi madre lo (saber).
6. Es preciso que Juan (ir) mañana.
7. Creo que Carlos (venir) luego.
8. No creo que el señor Esteban (estar) enfermo.
9. ¿Piensa Vd. que mis amigos (estar) en casa?
10. Siento mucho que Elena (haber) ido.

3. Put into Spanish:

1. It is possible that he is going.
2. It is certain that they have seen us.
3. I think he will arrive today.
4. Do you think he is intelligent?
5. She was afraid to do it.
6. He was afraid that they would say nothing.
7. I am glad they have come.
8. It is possible to see him.
9. It is possible that he will see you soon.
10. I am not saying that she is hardworking.
11. It is not true that he can see us.
12. It is true that they will come this morning.
13. It is a pity that he is so tired.
14. I am sorry that they are arriving late.
15. I do not think he is sleeping.

4. Put into Spanish:

1. He is going to marry her.
2. Would you like to come?
3. So many people.
4. Do you know Manuel?
5. Can you tell me where it is?
6. A fat man, with black glasses.
7. Next week.
8. They lived in the Argentine.
9. They sit down.
10. In a loud voice.

5. Turn into Spanish:

Yesterday we went to the house of the Muñoz family to meet their daughter María, who had just returned from England. When we arrived, there were many people in the house and we were pleased to see our friends Catherine and Philip who know the Muñoz family well. They introduced us to Manuel Esteban, who hoped to marry María one day. He had lived for some years in the Argentine and had inherited a great deal of money from his uncle who had been a wealthy bachelor.

The guests sat down to table at half past ten. It was a veritable banquet which continued until midnight. Then the orchestra started to play and we danced until three o'clock in the morning, after which we returned home, very tired.

6. Write a free composition of not more than 150 words using the following outline. Use the past tenses.

Voy a cenar con una familia española

1. ¿Cómo se llama la familia? ¿Dónde vive? ¿Qué hace el padre? ¿A qué hora llega Vd?

2. ¿Se alegra la familia de verle? ¿Cuántos niños tienen? ¿De qué hablan Vds? ¿Le ofrecen vino antes de cenar? ¿Qué come Vd?
3. ¿Puede Vd. describir la casa (el piso)? ¿Qué hace Vd. después de cenar? ¿Le invitan a visitarlos otra vez? ¿A qué hora sale Vd? ¿Qué dice Vd. cuando se marcha?

Chapter 4

LA VIDA SOCIAL. ESPERANDO A CONCHITA

PABLO; CARLOS; EL POLICÍA; CONCHITA

PABLO: Tenemos que esperar a Conchita en la esquina de la Plaza de Colón a la una en punto.

CARLOS: Entonces debemos salir en seguida porque no sabemos dónde está la Plaza.

PABLO: Hay bastante tiempo. Están dando las doce. Pero como hace sol y no tenemos nada que hacer, podríamos salir ahora.

(*En la calle*)

CARLOS: Debemos preguntar a este policía dónde está la Plaza.

PABLO: Por favor, ¿puede Vd. decirme dónde está la Plaza de Colón?

EL POLICÍA: Está muy lejos de aquí. Si Vds. van a pie, llegarán dentro de una hora.

PABLO: Tenemos que estar allí a la una en punto.

EL POLICÍA: En ese caso más valdría tomar el autobús número tres.

CARLOS: ¿Dónde está la parada del autobús?

EL POLICÍA: Sigan Vds. por esta calle y tomen la tercera bocacalle a la izquierda. Hallarán Vds. la parada en frente del Banco de España.

PABLO: Muchas gracias.

EL POLICÍA: De nada.

(*Media hora después llegan a la Plaza de Colón*)

CARLOS: Es la una menos diez. Podemos tomar una copa de vino en el bar de la esquina.

PABLO: ¡Mira tus zapatos! ¡No puedes salir con Conchita llevando los zapatos tan sucios!

CARLOS: No importa. Allí hay un limpiabotas.

PABLO: Voy a beber una cerveza. Date prisa porque Conchita estará aquí dentro de unos minutos.

(*Pasan cuarenta minutos mientras esperan pacientemente*)

PABLO: ¿Qué hora es?

CARLOS: Es la una y media. ¿Qué le ha pasado a Conchita?

PABLO: Según su carta, tenía que llegar a la una en punto.

CARLOS: ¿Estás seguro?

PABLO: Voy a leer la carta otra vez. Sí. Ella escribe aquí que . . . ¡ay!

CARLOS: ¿Qué tienes?

PABLO: No va a venir a la Plaza de Colón sino a la Calle de Colón.

CARLOS: La Calle de Colón no está lejos. ¡Vamos — pronto!

(*Corren rápidamente hasta la calle de Colón*)

PABLO: No está aquí. Después de haber esperado más de cuarenta minutos, la pobre chica se habrá ido.

CARLOS: Habrá pensado que somos muy mal educados.

PABLO: Ahora tendremos que telefonear a su casa y disculparnos.

CARLOS: Hacer esperar así a una chica — no hay nada más descortés.

PABLO: ¡Carlos — mira! ¡Allí está Conchita!

(*Conchita se acerca sonriendo*)

CONCHITA: Espero que no llego demasiado tarde, pero más vale tarde que nunca.

VOCABULARY

el banco bank, bench
la bocacalle side street
Colón Columbus
descortés discourteous
hacer esperar to keep waiting
mal educados ill-mannered
el limpiabotas shoe-cleaner
la parada (bus, tram) stop, (taxi) stand
a pie on foot
la plaza square, place.
la prisa speed; **date prisa** hurry up
el punto point; **en punto** "on the dot", on time
el zapato shoe

Answer in Spanish the following questions:

1. ¿Dónde verán a Conchita Pablo y Carlos?
2. ¿A qué hora salen?
3. ¿Qué tiempo hace?
4. ¿Qué le preguntan al policía?
5. ¿Dónde está la parada del autobús?
6. ¿Cómo pueden ir a la parada del autobús?
7. ¿A qué hora llegan Pablo y Carlos a la Plaza de Colón?
8. ¿Qué dice Pablo acerca de los zapatos de Carlos?
9. ¿Qué hace un limpiabotas?
10. ¿A qué hora llega Conchita?

CONVERSATION PRACTICE:
LA VIDA SOCIAL: EN EL TEATRO

(*Pablo y Conchita están en el teatro. Es el intervalo después del primer acto*)

PABLO: ¿Te gusta esta comedia?
CONCHITA: Es muy emocionante, sobre todo el conflicto psicológico que hace sufrir tanto al protagonista.
PABLO: No es un hombre muy simpático. No tiene un carácter bastante fuerte.
CONCHITA: Pero la vida es así. Muchos hombres no tienen un carácter fuerte.
PABLO: ¿Quién es ese hombre que nos dirige esas miradas furiosas?
CONCHITA: ¿Dónde está?
PABLO: Allí, en las butacas de atrás.
CONCHITA: ¡Ay! ¡Es mi novio!
PABLO: ¿Tu novio?
CONCHITA: Sí.
PABLO: ¡No me dijiste que tenías novio!

CONCHITA: Creía que él estaba todavía en Madrid.
PABLO: Parece un hombre fuerte.
CONCHITA: Sí. Es un campeón de boxeo.
PABLO: ¡Campeón de boxeo!
CONCHITA: Sí. Y además es un hombre terriblemente celoso y violento.
PABLO: Debemos salir inmediatamente.
CONCHITA: No es posible. Están apagando las luces y el segundo acto va a empezar.

VOCABULARY

apagar to put out, turn off (light)
la butaca stall (theatre), armchair
el campeón de boxeo boxing champion
celoso jealous
la comedia play, comedy
emocionante moving, exciting
la luz light
el protagonista leading actor
sufrir to suffer
tanto so much

GRAMMAR

Learn: Subjunctive after negative or indefinite antecedent, Rule 95; Subjunctive after certain conjunctions, Rule 96; Subjunctive in adverbial clauses implying future time, Rule 97; pages 190–192.

Revise: *Ser, estar, haber, tener*, Rule 62; Radical-changing verbs, Rule 63; Irregular Imperfect Tenses, Rule 64; pages 162–165; Reflexive verbs, Rule 66; pages 166–168.

EXERCISES

1. Give the Spanish for:

1. Do you know a man who speaks English?
2. He did it in order that we might be able to go.
3. Juan will not come unless he pays.
4. I will write to him before they come.
5. María will wait until he finishes it.
6. They waited until I arrived.
7. We are looking for a restaurant where one eats paella.
8. Elena will stay here until she sees them.
9. They will not do it unless we say yes.
10. Do you know a lawyer who can help me?

2. Give the Spanish for:

1. I will do it when he comes.
2. We always see him when he comes.
3. We waited until he arrived.
4. He said it in order that we might buy it.

5. He worked hard in order to earn enough money.
6. Do you know the man who speaks German?
7. Do you know a man who can do it?
8. We will wait here until he comes.
9. He will never succeed in doing it unless he works hard.
10. As soon as he arrives, tell him I want to see him.

3. Give the first and third persons singular and plural of the Present Indicative of:

pensar pedir contar sentir mover perder acostarse seguir dormir acordarse

Give the first and third persons plural of the Past Historic of:

pedir dormir perder seguir consentir

Give the Gerund and the first person plural of the Present Subjunctive of:

hablar comer dormir sentir perder seguir morir vivir pedir

4. Give the Spanish for:

1. He got up.
2. I remember the house.
3. Let us sit down.
4. I used to see her.
5. They go to bed.
6. He was complaining about the hotel.
7. She has gone away.
8. We are getting ready to do it.
9. He was going to the theatre.
10. He got angry.
11. They will be there.
12. I must sit down.
13. She was French.
14. I want to get up.
15. English is spoken here.

5. Turn into Spanish:

"Juan wants us to be at his flat at nine-thirty."
"It's striking nine now. We must go."
"It would be better to go along the Paseo de Pizarro, unless you prefer to go by car."
"He asked us to come by car, because then we can drive to the theatre."
"Well, let's go."
"Have you met anyone who has seen the play at the Teatro Real?"
"Yes. I spoke to a man who saw it last night."
"Did he like it?"
"He says it is a very stirring play, full of psychological conflict, but the leading actor is not a very sympathetic character."
"Never mind. I am glad that we are meeting Juan again."

"Do you want me to stop at the Plaza de Colón so that you can buy some cigarettes?"

"No thanks. We can buy them when we arrive at the theatre."

6. Write a free composition of not more than 150 words using the following outline. Use the past tenses.

Una visita al teatro

1. ¿A qué hora empieza la función? ¿Quién va con Vd? ¿Dónde se sientan Vds? ¿Hay mucha gente? ¿Toca bien la orquesta?
2. ¿Es interesante la comedia? ¿De qué se trata? ¿Son buenos los actores? ¿Qué hacen Vds. durante el primer intervalo? ¿De qué hablan Vds?
3. ¿Qué pasa en el último acto? ¿Termina felizmente la comedia? ¿Le gusta? ¿Por qué (no)? ¿Qué les sucede al héroe y a su novia? ¿A qué hora vuelve Vd. a casa?

Chapter 5

UN POCO DE HISTORIA. EL VIAJE DE MAGALLANES

TODO el mundo sabe los detalles del viaje de Cristóbal Colón cuando descubrió el Nuevo Mundo en 1492, pero pocos conocen el viaje todavía más peligroso de Magallanes.

Salió de España el treinta de septiembre de 1519 con cinco barcos viejos, y, seis meses después, anclaba en una remota bahía de la costa de América del Sur. Los marineros sufrían mucho a causa delfrío y cruel invierno. Violentas tempestades azotaban los barcos y uno de ellos naufragó. Los marineros tenían siempre mucha hambre. Por fin se amotinaron, pero Magallanes reprimió sin dificultad el motín.

En el mes de octubre de 1520, los barcos continuaron su viaje hasta que un día llegaron a una ancha bahía. Entonces entraron en el peligroso estrecho que hoy se llama el estrecho de Magallanes.

Las rocas eran numerosas, las corrientes rápidas y traicioneras. A cada lado del estrecho se alzaban acantilados altos, abruptos y amenazadores. Las tempestades se hacían cada vez más violentas. Ráfagas de viento amenazaban con destruir los barcos. De repente uno de los barcos desapareció. El capitán había decidido volver a España sin decir nada a Magallanes.

Por fin, después de cinco semanas, llegaron a un vasto océano que, cosa extraña, estaba tan tranquilo que lo llamaron el Mar Pacífico. Magallanes siguió su rumbo. No tenía ninguna idea ni de los peligros ni de la amplitud del océano que se extendía delante de él. Día tras día viajaron a través del Pacífico. Parecía que nunca llegarían a tierra firme. Los marineros comían ratas y muchos murieron de hambre.

Noventa y ocho días después, llegaron a unas islas cuyo rey les acogió primero muy cortésmente, pero poco tiempo después, Magallanes murió en una reyerta contra los indígenas y el mismo rey asesinó a muchos de los oficiales.

Los otros escaparon y, por fin, después de tres años, sólo un barco, al mando de Juan Sebastián El Cano, consiguió volver a España con dieciocho supervivientes. Así terminó el famoso viaje de Magallanes y de los primeros marineros que dieron la vuelta al mundo.

VOCABULARY

abrupto rugged, craggy
el acantilado cliff
acoger to welcome
alzarse to rise up
amenazador threatening
la América del Sur South America
amotinarse to mutiny
anclar to anchor
ancho wide
la armada fleet
la bahía bay
la batalla battle
la corriente current
cortésmente courteously
la costa coast
Cristóbal Colón Christopher Columbus
destruir to destroy
el estrecho straits
extenderse to stretch out
extraño strange
el indígena native (also American Indian)
el invierno winter
al mando de under the command of
la montaña mountain
el motín mutiny
naufragar to be shipwrecked
el oficial officer
el peligro danger
la ráfaga squall
la rata rat
remoto remote
reprimir to repress, curb
la reyerta quarrel
la roca rock
el rumbo course
Sud-América South America
el superviviente survivor
la tempestad tempest
la tierra firme land
traicionero treacherous
la vuelta return; **dar la vuelta al mundo**, to go round the world

Answer in Spanish the following questions:

1. ¿Quién descubrió el Nuevo Mundo?
2. ¿Cuándo llegó Magallanes a la remota bahía de la costa de Sud-América?
3. ¿Por qué sufrían tanto los marineros?
4. ¿Cómo se llama hoy el estrecho en el cual entraron?
5. ¿Qué veían a cada lado del estrecho?
6. ¿Por qué fue tan peligroso el viaje por el estrecho?
7. ¿Qué pasó después de cinco semanas?
8. ¿Cuánto tiempo viajaron a través del Pacífico antes de llegar a tierra firme?
9. ¿Qué pasó cuando llegaron a unas islas?
10. ¿Cuántos supervivientes consiguieron volver a España?

CONVERSATION PRACTICE: DOS GRANDES MARINEROS SE ENCUENTRAN

MAGALLANES; CRISTÓBAL COLÓN

COLÓN: ¿Cuándo partió Vd. para Sud-América?

MAGALLANES: El treinta de septiembre de 1519. No tenía más que cinco barcos viejos.

COLÓN: Yo tenía sólo tres. Nadie había atravesado antes el vasto océano, de modo que muchos de los marineros tenían miedo.

MAGALLANES: Nosotros teníamos mucha hambre. El invierno era muy frío y las tempestades se hacían cada vez más violentas.

COLÓN: ¿Cuáles fueron las mayores dificultades del viaje?

MAGALLANES: Fueron muchas. En primer lugar el motín. Luego en el estrecho nunca estábamos seguros de que no ocurriría un desastre. Las corrientes eran muy rápidas y traicioneras y muchas veces no podíamos anclar.

COLÓN: ¿Por qué no?

MAGALLANES: Porque había demasiada profundidad.

COLÓN: ¿Por qué lo llamaron el Mar Pacífico?

MAGALLANES: Porque, después de cinco semanas de peligro en el estrecho, llegamos un día a un vasto océano que estaba muy tranquilo.

COLÓN: ¿Cuántos supervivientes consiguieron volver a España después de dar la vuelta al mundo?

MAGALLANES: No sé. Dicen que eran dieciocho marineros.

VOCABULARY

la profundidad depth

GRAMMAR

Learn: "If" clauses, Rule 98; Future Subjunctive, Rule 99; Sequence of tenses, Rule 100; pages 192–193.

Revise: Use of *ser* and *estar*, Rule 74; the Passive, Rule 75; pages 174–177. Uses of tenses, Rules 79 to 83; pages 180–182.

EXERCISES

1. Give the Spanish for:

1. Ana is hard-working.
2. Jorge is pale this morning.
3. His sister is very intelligent.
4. He is sleeping in the armchair.
5. María is very observant.
6. My friend is from London.
7. His father is in Madrid.
8. He is reading a novel.
9. It will be a great surprise.
10. His wife is very talkative.
11. They are on the beach.
12. They are Italian.
13. Elena is tired today.
14. The flat is Juan's.
15. It was on Sunday.
16. This thing is (made) of iron.
17. He is not well.
18. She is lazy.
19. It was in 1898.
20. He feels (is) lazy this morning.

2. Give the Spanish for:

1. My friends would have come if they had had the money.
2. Enrique would have written if he had had the time.
3. When he came, he always brought a present for us.
4. María and I would have gone out if we had known.
5. If he saw us, he would come and speak to us.

3. Give the Spanish for:

1. The café closes at 11 o'clock.
2. She was always dressed in black.
3. The bottle has been broken.
4. The bottle was broken yesterday.
5. He was seen by my friends.
6. The hotel was filling up with people.
7. My aunt was loved by all her children.
8. He was surrounded by many people.
9. The theatre is closed.
10. He was obliged to do it.
11. He is German.
12. He is in the hotel.
13. She looks pale today.
14. It is four o'clock.
15. His sister is very beautiful.
16. His sister is looking very beautiful this evening.
17. My father is an actor.
18. The guitar is Mary's.
19. The guitar is in the shop.
20. They are very intelligent.

4. Give the Spanish for:

1. He came last night.
2. He came every day.
3. We have not seen your brother.
4. We have been working.
5. They have been working in London for two years.
6. He went to Paris yesterday.
7. I bought a newspaper every morning.
8. It was about eight o'clock.
9. We usually went to bed at eleven o'clock.
10. He lived there for three years.

5. Turn into Spanish:

There are few people who know all the details of the voyage of Magellan, which was even more dangerous than that of Columbus. He left Spain with five old ships of which only one succeeded in returning three years later after going round the world.

He spent the winter, which was cold and stormy, in a remote bay on the coast of South America. Finally, in October 1520, he departed again and discovered the strait which today bears his name.

They continued their journey through the strait for five weeks until one day they arrived at the Pacific Ocean. Magellan followed his course across this vast ocean and they did not reach land again for ninety-eight days.

6. Write a free composition of not more than 150 words using the following outline:

Un Viaje Peligroso

1. ¿De qué puerto partió Vd? ¿Cuándo? ¿Era grande o pequeño el barco? ¿Cuánto tiempo pasó Vd. en el mar? ¿Sufrieron mucho los marineros? ¿Era bueno el capitán?
2. ¿Hubo muchos momentos de peligro? ¿En qué estación del año viajó Vd? ¿Puede Vd. describir las tempestades? ¿Cuánto tiempo duraron? ¿Hubo ráfagas de viento?
3. ¿Siguió el capitán su rumbo? ¿Estuvo en peligro de naufragar el barco? ¿Desapareció algún marinero? ¿Pensó Vd. que no terminaría nunca la tempestad? ¿A qué puerto llegó Vd. por fin?

REVISION EXERCISES

1. Revise the vocabulary of the texts and conversation passages of Chapters 1 to 3.

Give the Spanish for:

1. I paid the fine.
2. Who told you that?
3. Have you a room free?
4. Good evening.
5. He told me how much he liked Spanish beer.
6. The last time.
7. He saw the manager.
8. Would you like to dance?
9. What is your friend called?
10. Along the narrow streets.
11. Don't worry.
12. As soon as possible.
13. Is there a travel agency near here?
14. It must be very pleasant.
15. He has apologized.
16. I am very pleased to see you.
17. Next week.
18. I have just telephoned María.
19. During the summer nights.
20. I am sure she likes me.
21. They export machinery to Peru.
22. As you wish, sir.
23. Take the luggage up.
24. Will you come in?
25. He began to work.
26. He knows the Sánchez family very well.
27. Let us go to the cinema.
28. It is too far.
29. I'm very sorry.
30. We have known Philip for many years.

2. Revise the grammar of Chapters 1 to 3 (Rules 1 to 6, 22a, 61, 65, 79, 89 to 94, 134).

(*a*) Give the Spanish for:

1. I lived in Peru for three years.
2. I have been living here for six months.
3. Do you speak English?
4. We are learning Spanish.
5. The cold water.

6. Fifteen pesetas a bottle.
7. Let us ask for a room.
8. My head aches.
9. Give it to me.
10. Let us not say anything.
11. A certain house.
12. What shall we buy for her?
13. She is not at home.
14. I should like to see her.
15. Put it there.
16. Another friend.
17. He buys presents for us.
18. Such a man.
19. One of the books.
20. Let us ask the doctor.
21. How much does it cost?
22. What an idea!
23. Don't talk about such things.
24. He does not like History.
25. A hundred pesetas.
26. We have no meat.
27. Tell us everything.
28. That must be enough.
29. Have you seen my brother?
30. He took off his hat.

(*b*) Give the Spanish for:

1. We were speaking.
2. He is an actor.
3. He is a famous actor.
4. Tell him to wait.
5. I will speak to her.
6. We live here.
7. Allow me to come.
8. Perhaps he will come.
9. I will wait.
10. I am afraid he is ill.
11. Let us sleep.
12. He wants me to go.
13. I want to see her.
14. Do you think she is hard-working?
15. I am sorry you are not here.
16. He ordered me to find it.
17. Do you think he will pay?
18. I don't live there.
19. It is possible to see it.
20. I don't think he has done it.

3. Revise the vocabulary of the texts and conversation passages of Chapters 4 and 5.

Give the Spanish for:

1. It's 12.50.
2. Without saying anything.
3. They entered the bay.
4. The back stalls.
5. In that case.
6. At two o'clock sharp.
7. We must go at once.
8. They succeeded in doing it.
9. I will have to phone.
10. After three months.
11. Everybody will be there.
12. On the other side of the street.
13. Never mind.
14. Bigger and bigger.
15. The winter was very cold.
16. He had no idea.
17. After waiting half an hour.
18. Can you tell me where the station is?
19. In Columbus Square.
20. The Straits of Gibraltar.
21. Excuse me.
22. He was always hungry.
23. What has happened to Paco?
24. A short time later.
25. On the corner of the street.
26. My friend disappeared.
27. He departed for South America.
28. Take the second street on the left.
29. The water was very deep.
30. What shall we do afterwards?

4. Revise the grammar of Chapters 4 and 5 (Rules 62 to 64, 66, 74, 75, 79 to 83, 95 to 100).

(*a*) Give the Spanish for:

1. They are tired.
2. He dare not do it.
3. We are friends.
4. He is in love with Inés.
5. They were going to the café.
6. Seeing is believing.
7. They have not got up.
8. He became pale.
9. Where are they?
10. Do you remember me?
11. They got angry.
12. Your sister is observant.
13. They were getting bored.
14. We are French.
15. He was mistaken.
16. We go to bed.
17. He is in London.
18. He is from London.
19. We went away.
20. He is singing in the bathroom.
21. He is young.
22. He looks young.
23. I saw them every morning.
24. He is in the garden.
25. He is a farmer.
26. We turned round.
27. The house is (made) of wood.
28. He was dead.
29. He was killed.
30. He was an architect.

(*b*) Give the 1st and 3rd persons singular and plural of the Present Indicative of:

encontrar dormir sentir pedir perder acostarse vestirse preferir cerrar seguir

(*c*) Give the 3rd persons singular and plural of the Past Historic of:

dormir pedir elegir morir seguir vestirse sentir sonreir

(*d*) Give the first person singular of the Present Subjunctive of:

perder ver comer haber poner conocer salir hablar encontrar pagar ser pedir llegar estar querer

(*e*) Give the Gerund of:

seguir morir pedir sentir dormir

(*f*) Put into Spanish:

1. He always went to the café.
2. I will tell him when he comes.
3. Does he speak French?
4. Whatever he says.
5. He went there last night.
6. If he does it, we shall go away.
7. He saw the doctor yesterday.
8. If I were rich, I would do it.
9. It is probably Juan.
10. Without my knowing it.
11. If Anita came, she always brought us presents.
12. Unless he comes.
13. He used to work there.
14. I did not know if he would come.
15. I am going to do it tomorrow.
16. I will wait until he does it.
17. I waited until he came.
18. Wherever he goes.
19. We have been living here for fourteen years.
20. I am sorry he has gone.

5. *Practice for the oral exam.*

Answer in Spanish the following questions:

Resumen de mi vida

1. ¿Cómo se llama Vd?
2. ¿Dónde vive Vd?
3. ¿Puede Vd. describir la ciudad (la aldea, el lugar) donde Vd. vive?
4. ¿Cuántos habitantes hay en la ciudad (la aldea, el lugar) donde Vd. vive?
5. ¿De cuántas personas se compone su familia?
6. ¿Qué hace su padre?
7. ¿Quiere Vd. seguir la misma profesión? ¿Por qué (no)?
8. ¿Cuánto tiempo ha pasado Vd. en este instituto?
9. ¿Qué asignaturas estudia Vd?
10. ¿Quiere Vd. ir a la universidad? ¿Por qué (no)?
11. ¿Qué hizo Vd. durante las últimas vacaciones?
12. ¿Qué hará Vd. durante las próximas vacaciones?

VOCABULARY

el resumen summary
la asignatura subject
componerse de to be made up of
el instituto (secondary) school

Chapter 6

EL BILLETE DE LOTERÍA

Enrique era un obrero muy pobre. Vivía con su mujer Paquita y sus tres niños en un piso pequeño. Siempre les faltaba dinero porque de vez en cuando Enrique se encontraba sin trabajo. Sin embargo tenía un carácter alegre y optimista.

Un día mientras daba un paseo con su amigo Carlos, Enrique decidió comprar un billete de lotería.

— No debes malgastar así tu dinero — le dijo Carlos. — Más vale un pájaro en mano que ciento volando.

— Ya veremos. Se puede ganar una fortuna con la lotería.

Y así compró Enrique el billete, pero cuando volvió a casa, no le dijo nada a su esposa, temiendo que ella también pensase que había malgastado su dinero. Escondió el billete en un cajón en el dormitorio.

Podemos imaginar cuál fue su asombro al ver, tres semanas después, que su billete había ganado una fortuna. Cuando Paquita lo supo, se puso loca de alegría. Entonces Enrique corrió a sacar el billete del cajón, pero, al abrir el cajón, se horrorizó de ver que no estaba allí.

Buscó ansiosamente por todas partes y entonces Paquita le confesó que había encontrado el billete esa misma mañana y, pensando que no valía nada, se lo había dado a uno de los niños.

Enrique se puso pálido.

— Tenemos que encontrarlo inmediatamente — dijo, — o bien habremos perdido una fortuna. Es un billete rojo, blanco y azul y los tres últimos números son 836.

Buscaron por todo el piso, en los dormitorios, en el cuarto de baño, bajo los muebles, en la cocina, en los bolsillos de toda su ropa y debajo de las camas, pero no encontraron nada.

Agotado y desesperado, Enrique se sentó en un sillón. Parecía la imagen misma de la desesperación. Paquita estaba hecha un mar de lágrimas. Enrique la consoló, pero en vano. Entonces Paquita se dio cuenta de que

había pasado ya la hora de ir a buscar a los niños a la escuela. Bajó rápidamente la escalera y salió a la calle. Empezaba a andar con rumbo a la escuela, cuando se paró de repente.

Allí en la acera, delante de ella, estaba el billete de lotería.

VOCABULARY

la acera pavement
agotado exhausted
el asombro astonishment
azul blue
la cama bed
dar un paseo to take a stroll
ganar to win, gain, earn
hecho un mar de lágrimas in floods of tears
la imagen image
malgastar to waste, squander
el número number
el pájaro bird; **más vale un pájaro en mano que ciento volando**, a bird in hand is worth two in the bush
último last

Answer in Spanish the following questions:

1. ¿Por qué le faltaba a Enrique dinero?
2. ¿Qué hizo Enrique mientras daba un paseo con Carlos?
3. ¿Por qué no le dijo nada a su esposa?

4. ¿Qué hizo con el billete?
5. ¿Qué ocurrió cuando Paquita supo que Enrique había ganado una fortuna?
6. ¿Qué ocurrió cuando Enrique buscó el billete?
7. ¿Por qué no estaba éste en el cajón?
8. ¿Puede Vd. describir el billete?
9. ¿Qué ocurrió cuando no lograron encontrarlo?
10. ¿Dónde lo encontró Paquita?

CONVERSATION PRACTICE: ¿CÓMO GASTAR LA FORTUNA?

ENRIQUE; PAQUITA

(*Paquita entra corriendo en el piso*)

PAQUITA: ¡Enrique!
ENRIQUE: ¿Qué hay?
PAQUITA: ¡He encontrado el billete de lotería en la acera!
ENRIQUE: ¿Estás segura de que es el mío? ¿Cuál es el número?
PAQUITA: El número es el mismo.
ENRIQUE: ¡Gracias a Dios! ¡Qué alivio!
PAQUITA: ¡Tres millones de pesetas!
ENRIQUE: Es imposible creerlo. Me pregunto si será cierto.
PAQUITA: ¿Cómo gastaremos el dinero?
ENRIQUE: Primero compraré el frigorífico que siempre has deseado, después pasaremos quince días de vacaciones en el mejor hotel de la Costa Brava. Me gustaría especialmente ir al hotel donde trabajé de camarero hace dos años.
PAQUITA: ¿Y luego?
ENRIQUE: Luego compraremos una casa y todo lo que quieras.
PAQUITA: Vamos a buscar a los niños porque ha pasado ya la hora de la salida de la escuela y se preguntarán qué nos ha ocurrido.
ENRIQUE: Antes tengo que ir a ver a Carlos que me dijo que malgastaba mi dinero comprando el billete.

VOCABULARY

el alivio relief
cierto certain, true
el frigorífico refrigerator

GRAMMAR

Revise: Nouns, Rules 7 and 8; Personal *a*, Rule 9; pages 135–136.
Learn: Changes in spelling in some verbs, Rule 67; pages 168–169.

EXERCISES

1. Give the Spanish for:

1. He does not know Señor Contreras.
2. They are looking for your sister.
3. Can you see that house in the distance?
4. We have seen the doctor.
5. I don't know the house.
6. We know your friend.
7. They see my mother every day.
8. I am looking for Philip.
9. Have you found the ticket?
10. They have forgotten my father.

2. Write the appropriate form of the definite article before the following nouns:

manzano mano año gente billete día alma América flor sur camión hambre reloj estación sillón razón rincón carne sed miel

3. Give the Spanish for:

1. He was afraid that she would go.
2. She turned pale.
3. They went back home.
4. I arrived at 9.30.
5. He realised that it was lunch time.
6. On opening the door.
7. He was always short of money.
8. I know Anita very well.
9. I looked for it everywhere.
10. Suddenly he stopped.
11. He saw my house.
12. I saw Señora González.
13. I have a flat in Atocha Street.
14. From time to time.
15. In the direction of the station.

4. Give the first person singular of the Present Indicative, Past Historic and Present Subjunctive of:

coger llegar conocer buscar empezar sacar ofrecer explicar dirigir pagar

Give the Gerund and the third person singular of the Past Historic of:

caer construir creer leer ver

5. Give the Spanish for:

1. Have you seen my sister?
2. He has three brothers.
3. I paid for the ticket.
4. Do you want us to go?
5. He is looking for Señor García.
6. It's in the bathroom.
7. It wasn't worth anything.
8. I was afraid they would see us.
9. She went out into the street.
10. A bird in hand is worth two in the bush.

6. Turn into Spanish:

Enrique was a workman who lived in Valencia. He was often short of money because he had a wife and three children and from time to time he was without work. One day he bought a lottery ticket, although his friend Carlos told him he was wasting his money.

Three weeks later he was reading the newspaper and we can imagine what his surprise was when he saw that he had won a fortune. At first his wife Paquita could not believe it. Then they talked for a long time about how to spend the money. They decided to spend a fortnight's holiday on the Costa Brava, after which they would return to their flat and start to look for a pleasant house in the country.

7. Write a free composition of not more than 150 words using the following outline:

Vd. acaba de ganar una fortuna.

1. ¿Cuándo compró Vd. el billete? ¿Qué le dijo su padre al volver a casa? ¿Dónde escondió Vd. el billete?
2. ¿Cuándo supo Vd. que había ganado la fortuna? ¿Qué le dijo entonces su padre? Describa Vd. lo que ocurrió.
3. ¿Cómo gastará Vd. el dinero? ¿Qué quiere Vd. comprar sobre todo? ¿Dará Vd. regalos a sus padres? ¿Cree Vd. que desde ahora Vd. será feliz?

Chapter 7

DE VIAJE. EN EL AUTOBÚS

JOAQUÍN y Pedro estaban de vacaciones en un pequeño puerto de España. Hacía mucho calor y querían bañarse.

— No podemos nadar aquí en el puerto — dijo Pedro. — Más vale ir a Las Rocas.

— ¿Están lejos de aquí? — le preguntó Joaquín.

— No. Podemos ir en el autobús. ¡Allí viene uno!

Corrieron a la parada y, poco tiempo después, subieron al autobús.

— ¿Cuánto vale el billete hasta Las Rocas?

— Cinco pesetas. Tenemos que bajar cerca de la iglesia.

— ¡Cuánta gente!

— Muchos bajarán en el próximo pueblo porque desde allí hay combinación para Vigo.

En la plaza del próximo pueblo paró el autobús. Mucha gente bajó pero fueron más aun los que subieron.

— ¡Estoy sofocado! — dijo Joaquín. — ¿Por qué deja subir el cobrador a tantos pasajeros? En el autobús no cabe más gente.

Una mujer gorda se esforzaba por subir al autobús. Llevaba una cesta grande en la que había dos gallinas blancas.

— ¿Por qué no se lo impide el cobrador? — preguntó Joaquín.

— Porque la mujer gorda es su suegra y el cobrador no se atreve a impedirla que suba.

Por fin se cerró la portezuela y otra vez el autobús se puso en marcha. Sentado al lado de la mujer gorda iba un niño de unos cuatro años. Era un chico angelical y mofletudo pero, como a todos los niños pequeños, le poseía el demonio de la curiosidad. Queriendo ver lo que contenía la cesta de la mujer gorda, alzaba poco a poco la tapa de la cesta para mirar adentro. Súbitamente las dos gallinas volaron afuera.

Se oyó un grito de terror. La mujer gorda se enfureció y regañó al niño, la madre del niño gritó a la mujer gorda y el niño empezó a chillar. El

ruido fue horroroso. Los pasajeros trataban de coger las gallinas. Después de una indecible confusión, Pedro y Joaquín lograron agarrarlas y ponerlas otra vez en la cesta. Entonces se sentaron todos. Las dos mujeres seguían mirándose enfurecidas. El niño, con la boca llena ya de caramelos, se calló.

—¡Ay! — dijo entonces Joaquín. —¡Ya hemos pasado la parada de la iglesia!

VOCABULARY

adentro inside, within
atreverse (**a**) to dare
el caramelo sweet
el cobrador collector, conductor
la combinación connection
chillar to howl, scream
el demonio devil
enfurecerse to become infuriated
esforzarse (**ue**) (**en** or **por**) to struggle to
la gallina hen
el grito shout, cry
horroroso dreadful, hideous
impedir (**i**) to prevent
indecible unspeakable
mofletudo chubby-cheeked
nadar to swim
la portezuela door (car, train)
poseer to possess
regañar to scold
sofocado suffocated, out of breath
súbitamente suddenly
la tapa lid
Valer: ¿Cuánto vale el billete? How much is the ticket?

Answer in Spanish the following questions:

1. ¿Por qué querían bañarse Joaquín y Pedro?
2. ¿Por qué subieron al autobús?
3. ¿Cuánto dinero tuvieron que pagar al cobrador?
4. ¿Dónde tenían que apearse?
5. ¿Por qué bajaron muchos pasajeros en el próximo pueblo?
6. ¿Por qué estaba sofocado Joaquín?
7. ¿Por qué no se atrevió el cobrador a impedir que la mujer gorda subiese?
8. ¿Puede Vd. describir al niño?
9. ¿Qué hizo el niño?
10. ¿Por qué se olvidaron Joaquín y Pedro de apearse en la parada de la iglesia?

apearse to get off, get out.

CONVERSATION PRACTICE:
MANUEL COGE EL TREN

MANUEL; EL MOZO; LA CHICA

(*Manuel entra en la estación*)

MANUEL: ¡Mozo! Voy a Sevilla en el tren de las cinco y media. ¿De qué andén sale?

MOZO: Andén número seis, señor. El tren ha llegado ya a la estación. ¿Tiene Vd. ya su billete?

MANUEL: Sí, un billete de segunda, ida y vuelta.

MOZO: Si desea Vd., le llevaré su equipaje al coche.

MANUEL: Muchas gracias.

MOZO: ¿Ha reservado Vd. el asiento?

MANUEL: No. No vale la pena reservar asiento para un viaje tan corto.

MOZO: Muchos pasajeros bajan del tren, de modo que encontrará Vd. uno sin dificultad.

MANUEL: Voy a comprar un periódico y una revista porque me aburre mucho viajar en tren.

MOZO: ¡Si no hay tiempo señor! Debe Vd. subir inmediatamente.

MANUEL: ¡Qué fastidio! Pero, mire Vd. — ¡hay una chica preciosa en ese coche! ¡Y está sola en el departamento! ¡Qué suerte!

MOZO: Pero señor, ¡es un coche de primera clase!

MANUEL: No importa. Pagaré el suplemento.

MOZO: ¡Suba Vd., señor, el tren arranca!

MANUEL: Aquí está la propina.

(*Manuel va por el pasillo y llega al departamento donde está sentada la chica*)

LA CHICA (*severamente*): No puede Vd. entrar aquí. Los asientos están reservados.

MANUEL: ¡Qué fastidio! Pero ¿dónde están los pasajeros?

LA CHICA: Están en el coche-restaurante. Este asiento está reservado para mi madre y estos tres están reservados para mis hermanos.

MANUEL: Entonces ¿está libre éste?

LA CHICA: No, éste está reservado para mi marido.

VOCABULARY

arrancar to pull out, start
el billete de ida y vuelta return ticket
el billete de segunda second class ticket
el coche-restaurante dining car
el pasillo corridor
la propina tip
precioso pretty, precious
la revista magazine
si why, but (emphatic use)
el suplemento extra fare

GRAMMAR

Revise: Adjectives, Rules 10 to 15 pages 137–140; Gerund and Past Participle, Rule 68; The Present Participle, Rule 69; Continuous Tenses, Rule 70; Perfect Tenses, Rule 71; pages 170–173.

EXERCISES

1. Give the Spanish for:

1. She is intelligent and observant.
2. More than a hundred pesetas.
3. An old Spanish city.
4. Happy children.
5. The white house.
6. This woman is worse than that one.
7. My poor sister.
8. An enormous black bull.
9. My unfortunate brother.
10. The third house.
11. Some lovely flowers.

12. My mother and my brother are tired.
13. A hundred thousand men.
14. The most talkative girl in the class.
15. The third son.
16. A great Spanish sailor.
17. A very useful present.
18. Several men.
19. Spanish books.
20. His mouth, full of food.

2. Write out the following sentences, changing the Infinitives in brackets into Past Participles.

1. He (vivir) dos años en La Habana.
2. Los campos estaban (cubrir) de nieve.
3. Han (comer) demasiado.
4. Mi amigo ha (resolver) dárselo.
5. El francés ha (morir) en el hospital.
6. ¿Ha (escribir) Vd. una carta a sus padres?
7. Habían (abrir) la puerta del banco.
8. ¿Quién ha (romper) la botella?
9. Han (terminar) el trabajo.
10. Han (freír) muchas patatas para mí.

3. Give the Spanish for:

1. Without doing it.
2. Sitting in a chair.
3. Because it is too expensive.
4. He likes travelling.
5. Leaning on the table.
6. Before finishing.
7. During the week.
8. A hard-working girl.
9. On the following day.
10. He became ill by working too much.
11. Alarming news.
12. I hear him playing.
13. A drawer containing old clothes.
14. He was going to the café.
15. Lying on the bed
16. He had gone out.
17. She is singing in the kitchen.
18. He goes on working.
19. There is running water in the bedrooms.
20. His sister is charming.
21. Smiling eyes.
22. On entering the house.
23. I see her working.

24. Has he gone?
25. Have you all finished?

4. Give the Spanish for:

1. My younger sister.
2. Bigger and bigger.
3. A larger house.
4. It's a blue ticket.
5. The best thing.
6. That very morning.
7. Most of the people.
8. We are looking for María.
9. He is too tired to do it.
10. What a pity!
11. Platform number thirteen.
12. Unspeakable confusion.
13. A very rich man.
14. He is richer than you think.
15. He has as many books as you.
16. They all sat down.
17. The first man.
18. German beer.
19. My elder brother.
20. The first-class ticket.

5. Turn into Spanish:

Manuel was spending a few days with some friends in the country. On the day when he had to return to Madrid, the car was not working, so he had to walk two kilometres to the bus stop, where a bus arrived at 11.15.

He got into the bus, which was crowded with people, and, at the next town, he was able to take the connection for Vigo, where he was to take the train for Madrid.

He had already a second-class return ticket, but he was sorry he had not reserved a seat, as the train was crowded with passengers. It was very hot and Manuel had to stand in the corridor. After several hours, he managed to find a seat. Exhausted, he sat down and fell asleep. When he woke up, the train was approaching Madrid.

6. Write a free composition of not more than 150 words using the following outline:

Visitamos a Tía María

1. ¿Dónde vive Tía María? ¿En las montañas, en la ciudad, a orillas del mar? ¿Cómo van Vds. a viajar? ¿A qué hora salen Vds?
2. ¿Pueden Vds. describir el paisaje? ¿Cuántas horas viajan Vds? ¿No ocurre nada mientras viajan? ¿Qué tiempo hace?
3. ¿Qué dicen Vds. al llegar a la casa? ¿Cuánto tiempo pasan Vds. allí? ¿Le llevan Vds. a su tía un regalo? ¿Cuándo se van Vds?

Chapter 8

LA AMÉRICA LATINA

HACE dos siglos el sol no se ponía nunca sobre el imperio español. Se hablaba español en las Islas Filipinas y en toda la América Latina desde el estrecho de Magallanes hasta la frontera del norte de Méjico, y aun más adelante, a excepción del Brasil, que pertenecía al rey de Portugal.

Los primeros exploradores españoles viajaron por todas estas regiones sin saber a dónde iban. Atravesaron densas selvas y altas montañas donde hacía un frío atroz. Muchos murieron de fiebre o de frío. De vez en cuando les faltaba comida y muchas veces se veían amenazados por la hostilidad de los indios. Soportaron reveses y peligros que hubieran espantado al más valiente de los hombres y la historia de sus aventuras es uno de los capítulos más dramáticos de la Historia de España. Hoy los descendientes de estos exploradores y los de las razas que conquistaron, viven en esta vasta parte del mundo que se llama la América Latina.

Estos diversos países tienen una enorme riqueza mineral y agrícola. La riqueza ganadera de las vastas llanuras de la Argentina es una de las primeras del mundo y también existen yacimientos petrolíferos en muchas partes, desde la Tierra del Fuego hasta Méjico, y sobre todo en Venezuela. Hay minas de hierro, cobre, plata, plomo, oro, carbón y otros minerales, y en la mayoría de los países, se han desarrollado muchas industrias. En las extensísimas selvas del interior de la América del Sur se hallan maderas de todas clases y en la región andina muchos rebaños proporcionan la lana que hilan y tejen los indígenas.

Uno de los problemas de la América Latina es el de desplazarse a través de las enormes distancias, pero en los últimos años se ha desarrollado extensamente el transporte aéreo y existen ya muchos aeropuertos e innumerables aeródromos pequeños.

Tal es la importancia de la América Latina hoy que se han establecido en algunas universidades británicas centros de estudios latinoamericanos para que los que están interesados puedan estudiar todos los aspectos de estas importantes regiones.

MEXICO
Cuidad de Mexico
CUBA
AQUÍ DESEMBARCÓ COLÓN
VENEZUELA
Caracas
GUAYANAS
COLOMBIA
Bogota
Quito
ECUADOR
NORTE
PERU
Lima
BRASIL
OESTE
ESTE
La Paz
Brasilia
BOLIVIA
PARAGUAY
Río de Janeiro
CHILE
Asuncion
ARGENTINA
URUGUAY
SUR
Santiago
Montevideo
Buenos Aires
AQUÍ NAVEGÓ MAGALLANES

VOCABULARY

aéreo air
el aeropuerto airport
agrícola agricultural
andino (*adj.*) of the Andes
atroz atrocious
británico British
el capítulo chapter
el carbón coal
el cobre copper
conquistar to conquer
desarrollarse to be developed
desplazarse to cross, move
espantar to frighten, daunt
establecer to establish
el estudio study
la fiebre fever
la frontera frontier
ganadero of cattle
el hierro iron
hilar to spin
el imperio empire
la lana wool
la llanura plain
más adelante further on
la mayoría majority
la mina mine
pertenecer to belong
petrolífero oil-bearing
(petrol = **la gasolina**)
el plomo lead
ponerse to set (sun)
proporcionar to supply
la raza race, tribe
el rebaño flock, herd
el revés misfortune
la riqueza richness, wealth
la selva jungle
soportar to endure
tejer to weave
valiente brave
el yacimiento deposit

Answer in Spanish the following questions:

1. ¿Dónde están las Islas Filipinas?
2. ¿Conoce Vd. el nombre de una ciudad norteamericana fundada por los españoles?
3. ¿Qué idioma se habla en el Brasil?
4. ¿Cómo sabemos que los primeros exploradores eran hombres valientes?
5. ¿Cuál es el producto más importante de la Argentina?
6. ¿Cuál es el producto más importante de Venezuela?
7. ¿Puede Vd. dar el nombre de seis minerales que se hallan en la América Latina?
8. ¿Qué hacen los indígenas de la región andina?
9. ¿Cuál es uno de los problemas de la América Latina?
10. ¿Cómo se trata de resolver este problema?

fundar to found

CONVERSATION PRACTICE:

UNA VISITA A SUD-AMÉRICA

ENRIQUE; EL EMPLEADO

(*En la agencia de viajes*)

ENRIQUE: Acabo de ganar un premio en la lotería nacional y he decidido realizar mi ambición y hacer un viaje con mi esposa a Sud-América.

EMPLEADO: Sí, señor. ¿A dónde quiere Vd. ir?

ENRIQUE: No importa, con tal que sea pintoresco e interesante.

EMPLEADO: ¿Cómo quiere Vd. ir allí?

ENRIQUE: Iré en barco — en primera clase, por supuesto.

EMPLEADO: Muy bien, señor. ¿Qué país quiere Vd. visitar?

ENRIQUE: ¿Qué me recomienda especialmente?

EMPLEADO: Debe Vd. ir a visitar la bahía de Río de Janeiro, una de las más maravillosas del mundo, y la ciudad de Brasilia, capital exótica, llena de arquitectura moderna.

ENRIQUE: Bueno, iremos allí.

EMPLEADO: Y después debe Vd. pasar dos semanas en las playas de Montevideo y visitar Buenos Aires, capital de la República Argentina y una de las más hermosas ciudades del mundo.

ENRIQUE: Me gustaría ir al estrecho de Magallanes.

EMPLEADO: Hace mucho frío y mucho viento allí. Más valdría atravesar los Andes e ir a visitar Santiago y la región central de Chile donde hay un clima templado mediterráneo y la gente es muy simpática.

ENRIQUE: Bueno. Iremos allí también y después volveremos en barco navegando por la costa de Chile.

EMPLEADO: No debe Vd. olvidarse de visitar Lima, capital del Perú, fundada por el conquistador Pizarro y llamada la ciudad de los Reyes, la joya más preciosa del Pacífico. Y después —

ENRIQUE: ¿Quiere Vd. decirme cuánto costará visitar todas estas cuidades?

EMPLEADO: Sí, señor. Voy a calcularlo sobre este papel. A ver, Vds. quieren visitar Río de Janeiro, Montevideo, Buenos Aires, Santiago de Chile, el Perú. . . .

(*Hace cálculos sobre el papel*)

ENRIQUE: Espero que no cueste demasiado.

EMPLEADO: De ninguna manera. Aquí tiene Vd. el precio del viaje para Vd. y su esposa.

(*Le da el papel*)

ENRIQUE: Gracias.

EMPLEADO: ¿Qué le ha pasado a su esposa? ¿No está bien?
ENRIQUE: ¡Ay! ¡Se ha desmayado!

VOCABULARY

el clima climate
el conquistador conqueror
con tal que provided that
desmayarse to faint
hacer cuentas to work out the account
maravilloso marvellous
navegar to sail
pintoresco picturesque
el premio prize
realizar to achieve, carry out
recomendar (ie) to recommend
templado temperate

GRAMMAR

Revise: Adjectives, Rules 16 to 20 pages 140–144; Impersonal verbs and Idioms with *hacer,* Rule 76; Idioms with *tener,* Rule 77; pages 178–180.

EXERCISES

1. Give the Spanish for:

1. I am in a hurry.
2. It has nothing to do with me.
3. It took place on Sunday.
4. It would be better to go.
5. He is wrong.
6. Be careful!
7. There has been an accident.
8. There are many people in the street.
9. He is very cold.
10. It was a fine day.
11. Three days ago.
12. Two years before.
13. It was by day.
14. I am very thirsty.
15. He is afraid of that.
16. One must see it.
17. Darkness was falling.
18. I have to go to Paris tomorrow.
19. It happened yesterday.
20. I feel inclined to go.

2. Answer in Spanish the following questions:

1. ¿Qué tiempo hace hoy?
2. ¿Cuándo hace mucho frío en Inglaterra?
3. ¿Qué tiempo hizo ayer?
4. ¿Qué tiempo hacía durante sus vacaciones?
5. ¿Qué tiempo hace en España?

3. Give the Spanish for:

1. My mother and his.
2. Very much.
3. How many eggs do you want?
4. I don't know what to do.
5. Everything else.
6. Have they another?
7. It is rather large.
8. Who is there?
9. Do you know this woman?
10. Whose is it? It's theirs.
11. That one is mine, this one is hers.
12. The remaining days.
13. This house and that one.
14. The idea is mine.
15. Every man.
16. It is raining.
17. It is early.
18. Is this one free?
19. He is very hungry.
20. It is very hot.

4. Give the Spanish for:

1. How much is it?
2. Few people.
3. Another friend.
4. What is this?
5. What a man!
6. A little meat.
7. My dear Sir.
8. Everybody will be there.
9. Can you see that man?
10. His sister and mine.
11. What's the matter with him?
12. What's mine and hers.
13. A friend of mine.
14. It doesn't matter.
15. Which of the two sisters?
16. The moon was shining.
17. The same street.

18. I have not seen anybody.
19. He has no wine.
20. Have you seen anyone?

5. Turn into Spanish:

One day John received a letter from his uncle, who was the manager of a copper mine in Peru, inviting him to spend three months there. John immediately wrote to his uncle and told him that he would come as soon as he could.

On a cold winter's day John left in an aircraft and, in a very short time, he was enjoying himself in the sunshine of South America. Every day he spent many hours on the beach, gazing at the beautiful waters of the Pacific and it seemed very strange to him to think that it was cold and foggy in London.

As the South American autumn was approaching, in the month of March, he had to come back to England again.

"Never mind," said his uncle. "You must remember that you will have spent two summers in succession."

In succession **uno tras otro, consecutivos**

6. Write a free composition of not more than 150 words, using the following outline:

En la Agencia de Viajes

1. ¿Quiere Vd. pasar sus vacaciones en el extranjero o en este país? ¿Por qué va Vd. a la Agencia de Viajes?
2. ¿Hay mucha gente en la Agencia? ¿Tiene Vd. que hacer cola? ¿Quiere Vd. pasar sus vacaciones a orillas del mar, en el campo, o en la montaña? ¿Qué pregunta Vd. al empleado? ¿Qué contesta?
3. ¿Cuánto costará todo? ¿Cómo quiere Vd. ir — en tren, en avión, en coche o en autobús? ¿Cuándo quiere Vd. ir? ¿Está contento de su decisión?

Chapter 9

ISABEL Y LOS MONOS

Isabel es azafata. Trabaja para una línea aérea nacional y ha visitado muchas partes del mundo. Habla inglés y francés y hay muchas ocasiones en que tiene también que ayudar a los pasajeros de habla española.

Como los que han viajado mucho, Isabel ha tenido muchas aventuras. Pero de todas sus aventuras, la que la divirtió más fue el episodio de los monos en Nueva York. Le dijeron que un avión, cuyo piloto era un amigo suyo, acababa de aterrizar. Isabel fue a darle la bienvenida, pero él parecía muy preocupado.

— Teníamos una carga de monos, pero se han escapado, — dijo. — Cuando abrimos la portezuela, todos se arrojaron fuera del avión y ahora tratamos de capturarlos. Allí hay uno en el tejado.

Isabel levantó los ojos y vio un mono trepando en el tejado. Tenía una piedra en la mano. El mono les tiró la piedra y rompió un cristal de la ventana del despacho del gerente que, muy enojado, salió corriendo.

Otro mono estaba sentado sobre un autobús. Tenía en la mano un huevo y tiró este huevo a Isabel y al piloto.

— Esto es aun peor que un mitin político — dijo el piloto que tuvo que apartarse rápidamente a un lado para esquivar el huevo.

En aquel momento el autobús arrancó súbitamente y, con un chillido de terror, el mono saltó al suelo donde, poco después, fue capturado, temblando de miedo.

Otro mono se había refugiado en un bar. Parecía que le gustaba tanto este lugar que, cuando unos hombres entraron a cogerle, no intentó escapar.

Todo esto duró tanto tiempo que Isabel se había olvidado de que debía estar a las once y media en la sala de espera, donde los pasajeros vendrían para tomar el avión. De repente se horrorizó de oir su nombre por el altavoz. Alguien pedía que viniese lo más pronto posible al despacho.

Isabel corrió allí a toda prisa.

VOCABULARY

el altavoz loudspeaker
apartarse to step aside
arrojarse to rush
aterrizar to land
la azafata air hostess
la bienvenida welcome; **dar la bienvenida** to welcome
la carga cargo
el cristal pane of glass, mirror
el chillido scream
divertir(se) (ie -i) to amuse (oneself)
esquivar to dodge, avoid
el huevo egg
intentar to try
levantar los ojos to look up
la línea aérea air line
el mono monkey
la piedra stone
preocupado worried
refugiarse to take refuge
la sala de espera waiting room
saltar to jump
el tejado roof
temblar (ie) to tremble
tirar to throw
trepar to climb

Answer in Spanish the following questions:

1. ¿Qué hace una azafata?
2. ¿Cuántos idiomas habla Isabel?
3. ¿Dónde tuvo lugar el episodio de los monos?
4. ¿Cómo se escaparon los monos?
5. ¿Qué hizo el primer mono?
6. ¿Por qué salió enojado el gerente?
7. ¿Qué hizo el segundo mono?
8. ¿Por qué temblaba de miedo este mono?
9. ¿Dónde debía estar Isabel a las once y media?
10. ¿Qué dijeron por el altavoz?

CONVERSATION PRACTICE:
EL VUELO PARA LONDRES

ISABEL; OFICIAL

OFICIAL: Te he buscado por todas partes. ¿Qué estabas haciendo?
ISABEL: Estaba atrapando monos.
OFICIAL: ¡¿Atrapando monos?! ¿Dónde?
ISABEL: Uno estaba sentado sobre un autobús y el otro estaba en el bar.
OFICIAL: ¿En el bar?
ISABEL: Sí. Lo encontramos sentado entre unas botellas de cerveza.
OFICIAL: No hay tiempo ya para hablar de monos. ¿No sabes que todos los pasajeros para Londres te están esperando?
ISABEL: Lo siento mucho, pero había olvidado completamente qué hora era.

OFICIAL: No importa. He examinado sus billetes y pesado todos los equipajes.

ISABEL: Muchas gracias.

OFICIAL: Y ahora esperan la señal para ir al avión. Hay un millonario mejicano que se queja amargamente porque no tiene asiento cerca de la ventanilla.

ISABEL: Haré todo lo posible para cambiarle su asiento.

OFICIAL: No será fácil, aunque faltan todavía dos pasajeros que no han llegado.

ISABEL: Están anunciando la salida por el altavoz. Siento mucho haber llegado tarde. Muchas gracias por tu ayuda.

OFICIAL: De nada. Es de esperar que no llegue cada día una carga de monos.

VOCABULARY

atrapar to catch
la ayuda help
es de esperar it is to be hoped
mejicano Mexican
pesar to weigh
la salida departure, start, exit
la señal signal
el vuelo flight

GRAMMAR

Revise: Pronouns, Rules 21 to 27; pages 144–148. The Interrogative, Rule 72; Word Order, Rule 73; pages 173–174. Agreement of Subject and Verb, Rule 78; page 180.

EXERCISES

1. Give the Spanish for:

1. We ourselves.
2. His head aches.
3. Does your friend like this food?
4. They come to me.
5. He took off his hat.
6. I give it to him.
7. With me.
8. He is going to lend it to me.
9. He has given the money to his sister.
10. Seeing me.
11. It's rather difficult.
12. We are buying it.
13. I told him so.
14. He gives it to us.

15. For us.
16. Our sister.
17. *We* work, *they* do nothing.
18. Can you see her?
19. I went to her.
20. I am sorry he has gone.

2. Give the Spanish for:

1. He was doing all he could.
2. The friend for whom he does it.
3. All those who ate it were ill.
4. The man we were talking about.
5. The town in which he lives.
6. I think so.
7. He did it for himself.
8. It's for him.
9. Juan snores, which always annoys me.
10. My car and the one which is near the hotel.
11. The house in front of which—
12. He gives it to him.
13. He who does that is mad.
14. The lady whose son is there.
15. I can't understand what he says.
16. Whose is this car?
17. He looks (is) pale today.
18. He never thinks of it.
19. The house he has bought.
20. With them.

3. Give the Spanish for:

1. Where is it?
2. The house where the Muñoz family lives.
3. Have you done it yet?
4. Is your friend's wife Spanish?
5. Is his sister coming?
6. Has John done it?
7. I don't know what his parents think.
8. You can't come in here.
9. Was it you?
10. I asked her what she would do.
11. Philip and I are going.
12. The train stopped.
13. Where are they going?
14. It's me.
15. "I hope so," my sister said.

4. Turn into Spanish:

Isabel thanked her friend for having examined the tickets and weighed all the luggage, then she went into the waiting room where the passengers were waiting for her. As soon as the Mexican millionaire saw her, he came up to her and asked if she could find a seat for him near the window. He said he had not crossed the Atlantic before and he wanted to see everything he could. The air hostess told him that most of the time he would see nothing but the ocean below the aircraft. However, she would do her best to find him another seat. She thought she could do it as they were still two passengers short and the aircraft was going to leave very soon. As she was speaking, a voice was heard on the loudspeaker, asking the passengers on (*de*) the London flight to go to the aircraft.

5. Write a free composition of not more than 150 words using the following outline:

Partida de Nueva York

1. ¿Es la primera vez que Vd. ha viajado en avión? ¿Tiene Vd. miedo? ¿A dónde va Vd? ¿Qué hace el oficial cuando Vd. llega al aeropuerto?
2. ¿Dónde espera Vd? ¿Qué hace Vd. mientras está esperando? ¿Qué ve Vd. por la ventana? ¿Ve Vd. aterrizar un avión?
3. ¿Es bonita la azafata? ¿Cuántos motores tiene el avión? ¿Qué oye Vd. por el altavoz? ¿A qué hora sale Vd?

Chapter 10

SIMÓN BOLÍVAR

UNO de los héroes de la historia sudamericana es Simón Bolívar, que nació en Caracas, capital de Venezuela, en 1783. Recibió una educación liberal y, cuando joven, juró liberar a su patria del yugo español.

En 1808 las fuerzas napoleónicas invadieron España y, poco después, Bolívar tomó parte en la rebelión contra el gobierno español. Se declaró la independencia de Venezuela y entonces parecía que se había realizado el sueño de Bolívar.

Su triunfo duró poco tiempo. En el segundo aniversario de la Proclamación de la Independencia, la capital de Venezuela fue destruida por un terremoto. Millares de habitantes murieron. Pensaron los supervivientes aterrados que la cólera de Dios había descendido sobre ellos por haberse rebelado contra los españoles.

Pero lo que siguió fue aun peor. Un ejército español derrotó a los rebeldes y reocupó la capital. Miranda, jefe de las fuerzas rebeldes, se rindió inesperadamente y Bolívar fue desterrado.

Sin embargo, Bolívar nunca perdió las esperanzas. Era un hombre valiente, enérgico y fanático. Volvió a Venezuela a la cabeza de unos centenares de hombres y tuvo que librar quince combates antes de derrotar a las fuerzas españolas. Otra vez entró en Caracas y los habitantes le dieron el título de Libertador.

Pero otra vez duró poco tiempo su triunfo. Nuevas tropas españolas llegaron a América y otra vez Bolívar tuvo que huir, refugiándose en Santo Domingo. Unos meses después volvió con otro ejército y entonces empezó la larga guerra de Independencia que duró hasta 1824 cuando por fin los españoles se dieron por vencidos y se proclamó la independencia de todas aquellas regiones. La provincia del Alto Perú fue nombrada Bolivia en honor del Libertador.

Bolívar había soñado con crear una gran república sudamericana, llamada Colombia, que llegaría a ser tan potente como los Estados Unidos, pero desgraciadamente sus esperanzas e ilusiones se desvanecieron rápidamente. La nueva república se vio perturbada por toda clase de disensiones y traiciones y, en muy poco tiempo, las diferentes regiones se separaron y se proclamaron repúblicas independientes.

Agotado y lleno de amargura, Bolívar murió poco después, a la edad de cuarenta y siete años.

VOCABULARY

la amargura bitterness
la cólera anger
darse por vencido to admit defeat
derrotar to defeat, rout
desgraciadamente unfortunately
desterrar (**ie**) to exile
desvanecerse to vanish
el ejército army
la esperanza hope
la fuerza force, army
inesperadamente unexpectedly
invadir to invade
jurar to swear
liberar to liberate
librar to fight (battle)
llegar a ser to become
nacer to be born
nombrar to name, call
la patria native country
perturbar to disturb
potente powerful
rebelar to rebel
rebelde rebel
rendirse (**i**) to surrender
soñar (**ue**) **con** to dream of
el sueño dream
el terremoto earthquake
el título title
la traición treason
el triunfo triumph
la tropa troop
el yugo yoke

Answer in Spanish the following questions:

1. ¿A qué gobierno pertenecía Venezuela en 1793?
2. ¿Qué pasó en España en 1808?
3. ¿Qué pasó poco después en Venezuela?
4. ¿Cuál era el sueño de Bolívar?
5. ¿Qué ocurrió en el segundo aniversario de la Declaración de Independencia?
6. ¿Por qué tenían miedo los habitantes de la capital?
7. ¿Qué pasó cuando las fuerzas españolas llegaron a la capital?
8. ¿Qué título recibió Bolívar después de reocupar la capital?
9. ¿Dónde se refugió poco después?
10. ¿Por qué se desvanecieron las esperanzas e ilusiones de Bolívar?

CONVERSATION PRACTICE:

UN POCO MÁS DE HISTORIA

VICENTE; MARTA

VICENTE: ¿Le gusta la historia de Bolívar?

MARTA: Sí. E a uno de los héroes más románticos del siglo diecinueve. Nunca perdió las esperanzas y me admiro de todo lo que alcanzó. ¿Cómo logró reclutar un ejército lo bastante fuerte para luchar contra los españoles?

VICENTE: Le ayudaron los llaneros, es decir, los vaqueros de las llanuras, los cuales eran jinetes magníficos y soldados feroces.

MARTA: Pero aun así, apenas tenía bastantes soldados.

VICENTE: Le ayudaron también muchos soldados ingleses que se hallaban sin trabajo después de las guerras napoleónicas. Muchos murieron atravesando la cordillera andina, tras increíbles trabajos en una de las regiones más duras del mundo.

MARTA: ¿No crees que Bolívar era demasiado ambicioso?

VICENTE: No. El esperaba reunir a los sudamericanos en una vasta república, pero le resultó imposible hacerlo. El sudamericano tiene un temperamento demasiado individual y, además, eso no fue posible a causa de la anarquía que siguió a la destrucción de la autoridad española.

MARTA: ¿Cuál era el carácter de Bolívar?

VICENTE: Era impulsivo, brillante y heroico. Le gustaba siempre bailar con las chicas. Era un hombre mucho más simpático que San Martín, el general que liberó Chile y La Argentina.

VOCABULARY

admirarse de to wonder at, marvel at
alcanzar to achieve, attain
la anarquía anarchy
apenas hardly
la cordillera range of mountains
la guerra war
increíble incredible
el jinete horseman
el llanero man from the plains
reclutar to recruit
el trabajo work, task, trouble
el vaquero cowboy, herdsman

GRAMMAR

Revise: Adverbs, Rules 28 to 30; pages 148–149. Infinitive with no preposition, Rule 84; pages 182–183. Points to note on some verbs, Rule 88; page 186.

EXERCISES

1. Give the Spanish for:

1. My parents promised to see the manager.
2. He succeeded in finding the doctor.
3. They tried to help Juan.
4. I wanted to see my sister.
5. He forgot to go.
6. A five peseta stamp.
7. María is seventeen.
8. We are short of money.
9. I saw my father last night.
10. It is cheaper.

2. Form adverbs from:

alegre absoluto fácil inocente amargo universal cierto posible grave lento desastroso feliz final completo general serio obvio inmediato

3. Give the Spanish for:

1. He speaks well.
2. He likes apples very much.
3. I got up very early.
4. We spoke to him severely.
5. They do less.
6. He saw María arriving.
7. He was hoping to see his mother.
8. Have they worked well?
9. He always says the same thing.
10. He prefers to work.
11. We heard Juan speaking.
12. He does not work so much as his brother.
13. He refused to do it.
14. As cheerfully as possible.
15. Slowly and sadly.
16. They decided to give it to him.
17. I have eaten too much.
18. Recently dead.
19. He can't come today.
20. The less he does, the less he wants to do.

4. Give the Spanish for:

1. It is rather a long journey.
2. He had the boat painted.
3. That's worse.
4. He says it is worth the trouble.
5. They sent my sister.
6. They went on working.
7. He persuaded my friend to see us.
8. He forbids them to smoke.
9. He took refuge in the church.
10. We hear Emilia coming.
11. He remembered that he had gone.
12. You will find it very interesting.
13. He never gave up hope.
14. He is having the house cleaned.
15. There were many men.
16. He continued to do it.
17. Little by little.
18. They made it known at once.
19. What happened to him in the end?
20. Thousands of soldiers arrived.

5. Turn into Spanish:

Bolívar is one of the most famous leaders in the story of the struggle for the independence of South America. At first it seemed very easy to liberate Venezuela from the Spanish yoke, because at that time Spain was fighting the Napoleonic armies which had invaded her country.

But disasters followed, and for many years Bolívar had to continue to fight the Spaniards. He dedicated himself with all the energy of a fanatic to achieve his ambition and eventually, after the battle of Ayacucho, the Spaniards were forced to admit defeat. The battle lasted seventy minutes and it ended the Spanish domination of America, which had continued for three hundred years.

However, Bolívar's dream of a great, united country, as strong as the United States, soon vanished and he died shortly afterwards.

6. Write a free composition of not more than 150 words, using the following outline:

Retrato de un viejo soldado

1. ¿Cómo se llama el viejo soldado? ¿Puede Vd. describirle? ¿Qué carácter tiene?
2. ¿Dónde ha pasado su servicio militar? ¿Ha librado muchos combates? ¿Cómo terminó su servicio militar?
3. ¿Qué hace ahora? ¿Habla de los episodios de su vida militar? ¿Los exagera un poco, sobre todo cuando ha bebido un poco de vino?

REVISION EXERCISES

1. Revise the Grammar rules of Chapters 6, 7 and 8 (Rules 7 to 20, 67 to 71, 76 and 77 in the Grammar section).

(*a*) Study carefully the following examples and then practise reading each one aloud several times:

1. Ella quiere dármelo.
2. Ella quiere a los niños de mi hermana.
3. El pobre de mi marido.
4. Es muy viejo para hacerlo.
5. Tiene más dinero del que piensa.
6. Está más enfermo de lo que creemos.
7. Más de quinientas pesetas.
8. Es más pobre que yo.
9. ¡Qué idea más ridícula!
10. ¡Qué chica tan guapa!
11. No sabía qué hacer.
12. Vd. no sabe lo horrible que es.
13. ¿Cuántas manzanas tiene Vd?
14. Por ser demasiado caro.
15. Lo haremos otro día.
16. Nuestra casa y la de ella.
17. Mi hermano tiene frío.
18. Mi café está frío.
19. Debemos tener en cuenta que es viejo.
20. No tiene nada que ver conmigo.

(*b*) Give the Spanish for:

1. Do you know Señor Ibánez?
2. Bigger and bigger.
3. He doesn't know your friend.
4. Mr and Mrs Gómez.
5. My wife is French.
6. My uncle and aunt.
7. A large, talkative woman.
8. The first time.
9. A better meal.
10. She herself.
11. Happy children.
12. The same man.
13 My parents.

14. She is intelligent and observant.
15. The biggest city in Spain.
16. We have seen Juan.
17. The best thing.
18. An English custom.
19. Whose is it? It's his.
20. He is looking for his mother.

(*c*) Revise Rule 13 and explain the position of the adjectives in this exercise:

1. ¡Qué pobre chico!
2. El obrero pobre.
3. El vasto océano.
4. La blanca nieve.
5. Cabellos blancos.
6. La calle estrecha.
7. La ancha avenida.
8. Una indecible confusión.
9. Libros ingleses.
10. Un gran marinero español.
11. Las hermosas flores.
12. Un terrible accidente.

(*d*) Give the Spanish for:

1. He is warm.
2. The tea is cold.
3. He doesn't know how easy it is.
4. He has more books than he thinks.
5. I have more than a hundred pesetas.
6. He has no more than twenty.
7. What a lovely city!
8. I don't know what to say.
9. How many pesetas have you won?
10. My books and theirs.
11. What an old man!
12. He is stronger than I.
13. She is busier than you think.
14. Have you seen my children?
15. He is too young to go.
16. She was sitting in a chair.
17. We hear him snoring.
18. I have broken the glass.
19. On the following evening.
20. Because it is too difficult.

(*e*) Give the first person singular of the Present Indicative and Present Subjunctive of:

conocer dirigir conducir coger ofrecer

Give the first person plural of the Past Historic and Present Subjunctive of:

llegar comenzar sacar buscar pagar

Give the Gerund and third person singular of the Past Historic of:

caer bullir creer construir leer

Give the Past Participle of:

escribir vivir descubrir comer resolver morir terminar abrir

2. Revise the vocabulary of the texts and conversation passages of Chapters 6, 7 and 8.

(*a*) Study carefully the following examples and then practise reading them aloud several times:

1. Regañó al chico.
2. Un billete de segunda, ida y vuelta.
3. El avión acaba de aterrizar.
4. Trabaja de camarero.
5. El sol se estaba poniendo.
6. Alguien le pedía que viniese.
7. Se quejaba ruidosamente.
8. No vale nada.
9. Se ha desarrollado mucho la industria.
10. Se esforzaba por hacerlo.
11. Una casa no lejos de la costa.
12. Siempre me falta dinero.
13. No hay combinación para Madrid hasta las seis.
14. Me persuadió para que lo hiciese.
15. Se puede imaginar cuál fue su asombro.
16. No se atreve a hablar así a su suegra.
17. Por supuesto vale la pena.
18. Vamos a darle la bienvenida.
19. Temo que lo haya olvidado.
20. ¡Qué fastidio!

(*b*) Give the Spanish for:

1. I want to reserve a second-class seat.
2. He did not realize that she was English.
3. He was born in 1965.
4. The most famous architect in England.
5. Why do they let so many people come in?
6. She seems very worried.
7. A girl of about seventeen years of age.
8. He threatened to do it.
9. It wasn't worth anything.
10. The train is pulling out.
11. It was very hot.
12. Have you given him a tip?
13. He realized this.
14. The car set off.
15. My father was a doctor.
16. What's the matter?
17. The door shut.
18. He suddenly stopped.
19. I know Anita very well.
20. They are on holiday.

(*c*) Give the Spanish for:

1. The sun will set at 6.30.
2. He dare not do it.
3. It is not worth much.
4. You can imagine how delighted he was.
5. Air transport has been extensively developed.
6. A first-class return ticket, please.
7. What a nuisance!
8. He was complaining about the food.
9. They succeeded in doing it.
10. They are always short of water.
11. It was not worth while.
12. He is working as a waiter here.
13. I ask you to do this for me.
14. She scolded her daughter.
15. He persuaded us to go away.

3. Revise the grammar of Chapters 9 and 10 (Rules 21 to 30, 72, 73, 78, 84, 88).

(*a*) Study carefully the following sentences, then practise reading them aloud several times:

1. A mí me gusta la cerveza alemana.
2. Les dará los cigarrillos a los obreros.
3. Nos alegramos de que hayan venido.
4. Me duelen los ojos.
5. No sabemos lo que dirá Anita.
6. Siento mucho que no lo hayan hecho.
7. Hicieron cuanto pudieron.
8. Me acuerdo de que no han acabado.
9. Entraron cuantas personas quisieron.
10. Se quitó el sombrero.
11. ¿Es inteligente? Lo es.
12. Hizo limpiar el comedor.
13. Lo siento mucho.
14. No han venido ni Jaime ni Felipe.
15. Está fumando, lo cual enoja siempre a mi esposa.

(*b*) Give the Spanish for:

1. I will give it to them.
2. He has not shown it to me.
3. With us.
4. He gave it to us.
5. Our houses.
6. *We* work, *they* talk.
7. I gave it to him.
8. I went to him.
9. The lady whose son is here.
10. He who finds it will win.
11. For me.
12. With me.
13. Between you and me.
14. He told me.
15. The girl I know.
16. Slowly and calmly.
17. Has he eaten too much?
18. Did you see María?
19. He is going to see them.
20. Recently dead.

(*c*) Give the Spanish for:

1. He gave the money to his daughters.
2. They are having a house built.
3. I am glad he is doing it.

4. Neither my father nor my mother will consent.
5. I don't know what will happen.
6. His head aches.
7. I took off my hat.
8. We are very sorry that you are not coming.
9. Is she hard-working? She is.
10. I like your wine.
11. He remembered that María was coming.
12. All those who wished (it) went out into the street.
13. He did all he could.
14. He was shouting, which always annoyed his mother.
15. We were sorry that they were ill.

4. Revise the vocabulary of the texts and conversation practices of Chapters 9 and 10.

(*a*) Study carefully the following examples, then practise reading them aloud several times.

1. ¿Quiere Vd. pesar mis equipajes?
2. El jefe de las fuerzas napoleónicas se rindió inesperadamente.
3. El tren arrancó súbitamente.
4. Me admiro de todo lo que haces.
5. Pasajeros de habla inglesa.
6. Nunca perdió las esperanzas.
7. Es de esperar que no llueva.
8. Tiembla de miedo.
9. La ciudad fue destruida por un terremoto.
10. Me dio la bienvenida.
11. El avión iba a aterrizar.
12. Los soldados se dieron por vencidos.
13. Más vale pájaro en mano que ciento volando.
14. Lo más pronto posible.
15. Siento mucho haber llegado tarde.

(*b*) Give the Spanish for:

1. He threatened to see the manager.
2. He had a book in his hand.
3. I shut the door of the car.
4. They will do all they can.
5. He wants to do it without working.
6. They came in to see me.
7. She seems very worried.
8. They are complaining about the wine.
9. He ended by writing the letter.
10. Of course!
11. Little by little.
12. I must help the poor girl.
13. I managed to persuade him to do it.
14. He decided to become a doctor.
15. He was horrified to hear her voice.
16. The passengers are in the waiting room.
17. The most beautiful city in England.
18. Thank you very much for your help.
19. It is better to listen to what he says.
20. He did not try to see my father.

(*c*) Give the Spanish for:

1. The plane has just landed.
2. General Miranda surrendered unexpectedly.
3. As early as possible.
4. The bus suddenly started.
5. They finally admitted defeat.
6. French-speaking visitors.
7. A bird in hand is worth two in the bush.
8. I am very sorry I am late.
9. They welcomed us.
10. I am sorry.

11. We marvel at what he has done.
12. They have weighed my luggage.
13. He was trembling with fear.
14. They never lost hope.
15. It is to be hoped that he will come.

Practice for the oral exam.: Resumen de mi vida

Answer in Spanish the following questions:

1. ¿Cuántos años tiene Vd?
2. ¿Cuándo nació Vd?
3. ¿Dónde nació Vd?
4. ¿Cuántos años tiene su hermano (hermana)?
5. ¿Es Vd. el hijo (la hija) mayor?
6. ¿Ha ido Vd. al extranjero?
7. ¿Cuánto tiempo pasó Vd. allí?
8. ¿Le gusta a Vd. la televisión? ¿Por qué (no)?
9. ¿Cuál es su pasatiempo favorito? ¿Por qué?
10. ¿Cuál es su libro favorito? ¿Por qué?

Chapter II

EL BANDIDO

La señora Ignacia había oído hablar del famoso Juan Antonio, terror de los campos y arrabales de la capital. Era un hombre audaz y misterioso, cuya filiación exacta no se conocía. Su cabeza estaba puesta a precio; mil escudos al que le capturase vivo o muerto. Su fama cundía en el país a cada nueva fechoría y escapada que hacía por esas montañas. Se decía que era hijo de gente acomodada, buen mozo y que algunas veces le vieron en los bares de Santiago. ¿Sería un personaje fantástico, un fantasma más bien que un hombre?

—¡El Juan Antonio!

Las mujeres se santiguaban, miraban por todos lados y temblaban al menor ruido.

— Tenemos que capturarlo antes que cruce para la Argentina — dijo el carabinero joven, que miraba a María.

— Ese no va para el otro lado; se esconde en las montañas. Dicen que tiene una cueva — dijo otro carabinero.

— Nadie sabe — dijo el joven. — Otros dicen que en Santiago tiene una casa.

Nadie prestó atención a un largo silbido, como de culebra, que se oyó por el matorral, detrás de la casa, y, al poco rato, se vio una lengua de fuego; sonó un estampido, y el carabinero joven, en el momento que tomaba la taza de café de manos de María, cayó al suelo sin decir ¡ay!

El ruido violento, tan inesperado y cercano, produjo la huída de las mujeres y la confusión de los carabineros. Miraban por todos lados; registraron la casa y el rancho, pero no vieron nada. Estaban pálidos, y cuando subieron a sus caballos, temblaban las espuelas y los estribos de metal. Partieron galopando, sin beber el café ni llevar la comida. El caballo quedó ahí y el muerto, poco a poco, se fue cubriendo de moscas.

(Adapted from Joaquín Edwards Bello, *El Bandido*)

VOCABULARY

acomodado wealthy
los arrabales suburbs
audaz audacious, bold
el bar bar
el caballo horse
el carabinero frontier guard
cercano near
cruzar to cross
la cueva cave
la culebra snake
cundir to spread
la escapada escape, escapade
el escudo coin, shield
la espuela spur
el estampido report
el estribo stirrup
la fechoría misdeed
la filiación parentage, description
galopar to gallop
la huída flight
inesperado unexpected
la lengua tongue
más bien que rather than
el matorral thicket, undergrowth
menor least
la montaña mountain
la mosca fly
el personaje character
producir to produce, cause
el rancho ranch
el rato; **al poco rato** presently, shortly after
registrar to search
santiguarse to make the sign of the cross
el silbido whistle

Answer in Spanish the following questions:

1. ¿Qué aprendemos del carácter de Juan Antonio?
2. ¿Cuánto dinero ganaría el hombre que capturase a Juan Antonio?
3. ¿Qué hacían las mujeres cuando oían el nombre del bandido?
4. ¿Dónde — según los carabineros — se escondía Juan Antonio?
5. ¿Qué se oyó mientras hablaban?
6. ¿Qué le pasó al carabinero joven?
7. ¿Qué hicieron las mujeres entonces?
8. ¿Qué hicieron los carabineros?
9. ¿Por qué estaban pálidos?
10. ¿Por qué no bebieron el café?

CONVERSATION PRACTICE: UN VIAJE A TRAVÉS DE LOS ANDES

El Viajero; El Empleado

(*En las oficinas de una compañía aérea*)

Viajero: Quiero enterarme de los detalles para hacer un viaje a través de los Andes.

Empleado: Sí, señor. Vd. querrá sin duda viajar por avión. Es mucho más rápido.

VIAJERO: Preferiría ir por avión, pero cuesta demasiado. Tendré que ir en autobús.

EMPLEADO: Aquí no vendemos billetes para el autobús. Tendrá que ir a la agencia en la Plaza Bolívar.

VIAJERO: Muchas gracias.

EMPLEADO: Claro que resulta más barato, pero no es muy seguro viajar en autobús por los caminos peligrosos.

VIAJERO: ¿De veras? ¿Es peligroso viajar en autobús?

EMPLEADO: Bueno . . . no señor. Muchos de los autobuses llegan sin novedad. Pero debo añadir que de vez en cuando. . . . (*Vacila y se encoge de hombros*)

VIAJERO (*nervioso*): ¿Qué quiere Vd. decir?

EMPLEADO: Señor, no debería hablar de tales cosas, pero la semana pasada el autobús cayó a un precipicio.

VIAJERO: ¿Hubo muchos heridos?

EMPLEADO: Aun peor. ¿No ha leído las noticias en el periódico?

VIAJERO: Es lástima que cueste tanto viajar por avión.

EMPLEADO: El mes pasado unos bandidos pararon el autobús y robaron a todos los pasajeros — y al conductor también.

VIAJERO: ¿Les robaron a todos?

EMPLEADO: A todos. Los policías no han logrado todavía capturar a los bandidos.

VIAJERO: Creo que viajaré por avión.

EMPLEADO: Será más prudente, señor. Le costará ciento cincuenta dólares americanos, pero es más barato que ser robado.

VOCABULARY

añadir to add
bueno . . . well . . .
claro of course
los demás the remaining
el dólar dollar
encogerse de hombros to shrug one's shoulders
enterarse to find out
gravemente seriously
herido injured, hurt
nervioso nervous(ly)
sin novedad safely, without incident
seguro sure, safe

GRAMMAR

Revise: Numbers, Rules 31 to 41; pages 149–154 and Infinitive with *a*, Rule 85; pages 183–184.

EXERCISES

1. Read aloud in Spanish:

15 14 23 70 102 500 253 65 700 1000 300 casas
16 900 157 43 72 89 36 13 98

2. Give the Spanish for:

1. At dawn.
2. In the morning.
3. A short time ago.
4. The sixteenth century.
5. In 1898.
6. The first house.
7. Yesterday afternoon.
8. At 5.15.
9. A long time ago.
10. A thousand times.
11. Next Monday.
12. Philip II.
13. It is one o'clock.
14. In the month of May.
15. It is striking three o'clock.
16. At 6.30.
17. A dozen eggs.
18. May 1st.
19. The day after tomorrow.
20. It's 6.20.

3. Give the Spanish for:

1. On Sunday.
2. From time to time.
3. Tomorrow at 9.30.
4. It is midnight.

5. He is six years older than Juan.
6. What is the date?
7. Two million inhabitants.
8. The next day.
9. Last night.
10. Seldom.
11. Hundreds of men.
12. The fifth time.
13. Nowadays.
14. It is exactly five o'clock.
15. The house is three hundred yards from the hotel.
16. How old is he?
17. Half an hour later.
18. A summer's day.
19. He is thirty years old.
20. A half-empty glass.

4. Give the Spanish for:

1. We dare not go.
2. I went and spoke to him.
3. I began to work.
4. We hear María talking.
5. They wanted to forget it.
6. He decided to go out.
7. I am sorry to trouble you.
8. He refused to do it.
9. He succeeded in opening it.
10. They helped us to find it.
11. He teaches us to play.
12. I ran to shut the door.
13. He came and saw me.
14. I can't say it.
15. He said it again.

5. Turn into Spanish:

Señor Ruiz was going to the travel agency to find out details about how he could go and visit his relatives who lived on the other side of the Andes. He had decided that because it was more expensive to go by air, he would go by bus. However, when he bought a paper in the Plaza Bolívar and read that the bandit Juan Antonio had attacked a bus in a remote part of the mountains and robbed all the passengers, he decided that it would be better to travel by air. He sighed and paid the three hundred dollars for the plane ticket. Two days later he realized that he had been very prudent because Juan Antonio had again robbed some unfortunate travellers. Moreover, the police had not yet succeeded in capturing him.

6. Write a free composition of not more than 150 words on ONE of the following subjects:

1. Un viaje en autobús.
2. Cómo los policías capturaron a Juan Antonio.
3. Un episodio durante las vacaciones.

Write your composition in the past tense. Plan it carefully into paragraphs. Do *not* write it out in English and then translate it. Keep your sentences short and clear, do not use words or phrases unless you know they are right, and finally, revise your work as carefully as possible.

Chapter 12

UNA VISITA AL PROFESOR DE LATÍN UN POCO ANTES DEL EXAMEN

NADA menos se me ocurrió que ir a visitar a mi antiguo profesor de latín y declararle mi ignorancia y mis temores.

Como lo pensé lo hice. Subí la escalera en frente de su casa y tiré del cordón de la campanilla. Era un cordón negro y siniestro, como la cuerda de un ahorcado. La campanilla sonó en las profundidades de aquel antro con un lúgubre tañido, que apretó mi corazón, aunque ya estaba bien reducido.

Y repentinamente sentí un vago deseo de que la casa se derrumbase y me sepultase entre sus ruinas.

Una vieja salió a abrirme, y detrás de ella un perro que me dirigió una mirada de desprecio sin ladrarme. Lo mismo él que la vieja comprendieron al instante que yo era un pobre estudiante que venía pidiendo misericordia. Estaban acostumbrados a estas visitas.

Me introdujeron en una sala y al cabo de unos minutos se presentó el profesor en persona. Quedé petrificado como si viese un espectro.

—¿Qué desea, hijo mío? — me dijo después de esperar vanamente a que yo diese algún signo de vida.

Balbuciente y ruborizado, le pregunté por su salud y por la de su familia como si fuese lo único que en aquel momento me interesase en la tierra. Entonces dije:

— El caso es . . . que dentro de algunos días me voy a presentar a mi examen de latín, y como hace tanto tiempo que. . . .

No pude pasar más adelante. El profesor vino en mi auxilio.

— Supongo que Vd. no habrá abandonado del todo su estudio y que se presentará bien preparado.

—¡Ah! — exclamé poniéndome rojo hasta el blanco de los ojos —. No,

señor, no . . . no estoy bien preparado, sobre todo en el latín, porque lo he abandonado un poco en estos últimos años.

Los ojos del profesor expresaron profunda consternación. Entonces comenzó a pasear por la sala con las manos atrás, según su costumbre, dejando escapar unas veces resoplidos de furor y otras suspiros de angustia.

—¡Abandonar el hermoso idioma de los romanos! — exclamaba levantando los ojos al cielo.

Yo me pegué a la pared maldiciendo la hora en que había nacido.

(Adapted from ARMANDO PALACIO VALDÉS, *La Novela de un Novelista*)

VOCABULARY

un ahorcado a hanged man
la angustia anguish, fear
antiguo former, ancient
el antro den, cave
apretar to contract, squeeze
a que = hasta que until
el auxilio help
balbuciente stammering
al cabo de at the end of
la campanilla (small) bell
el cordón rope
la cuerda rope
derrumbarse to collapse
el desprecio contempt
el espectro ghost
introducir to put in, thrust in

ladrar to bark
lúgubre gloomy, mournful
maldecir to curse
la misericordia pity
la pared wall
pasear to walk
pegar to glue, stick
petrificado petrified
repentinamente suddenly
el resoplido snort
ruborizado blushing
sepultar to bury
siniestro sinister
suponer to suppose
el suspiro sigh
el tañido peal (bell)
el temor fear
tirar to pull, throw
único only, sole
vago vague

Answer in Spanish the following questions:

1. ¿Por qué decidió el autor visitar al profesor de latín?
2. ¿Qué vio el autor en frente de la casa?
3. ¿Qué pasó cuando el autor tiró del cordón?
4. ¿Qué sintió repentinamente?
5. ¿Qué hizo el perro?
6. ¿Por qué no habló el autor cuando el profesor entró en la sala?
7. ¿Qué le preguntó al profesor después de un rato?
8. ¿Cómo sabemos que el autor tenía miedo?
9. ¿Por qué levantó el profesor los ojos al cielo?
10. ¿Cómo sabemos que el autor sentía haber ido a visitar al profesor?

CONVERSATION PRACTICE: UN EXAMEN ORAL

El Profesor; Pablo

Profesor: ¿Es la primera vez que se presenta a este examen?
Pablo: Sí, señor.
Profesor: Me parece que sus estudios de latín no han sido muy profundos.
Pablo: Es que he tenido que estudiar otras muchas asignaturas.
Profesor: ¿Cuáles fueron sus asignaturas?
Pablo: Griego, inglés, francés, y naturalmente, historia antigua y latín.
Profesor: Aquí tengo la composición que escribió Vd. acerca de la fundación de la ciudad de Roma. Es muy corta.
Pablo: Sí, señor. Siempre prefiero expresarme de una manera muy breve.
Profesor: Además de ser muy breve, le faltan los nombres de los romanos más célebres.
Pablo: Es que no tenía bastante tiempo para referirme a ellos.

PROFESOR: ¡Ahora comprendo! Y ¿puede Vd. explicar por qué faltaban tantas palabras en su ejercicio de traducción latina?

PABLO: Sí, señor. La traducción era mucho más difícil este año.

PROFESOR: ¿Vd. cree?

PABLO: Así lo dicen también algunos de los estudiantes.

PROFESOR: Sí, pero no era preciso que Vd. dejase en blanco la mitad de la traducción.

VOCABULARY

¡Ahora comprendo! I see!
breve short
¿Vd. cree? Do you think so?
dejar en blanco to leave blank
el ejercicio exercise
es preciso it is necessary
la fundación foundation, founding
el griego Greek
la mitad half
la palabra word
la traducción translation

GRAMMAR

Revise: Prepositions, Rules 42 to 53; pages 154–159 and Infinitive with *de*, Rule 86; pages 184–185.

EXERCISES

1. Give the Spanish for:

1. Before midday.
2. We entered the hotel.
3. They returned immediately.
4. He fell into the water.
5. In the morning.
6. In the country.
7. Three o'clock in the afternoon.
8. Along the street.
9. It's supper time.
10. The Paris train.
11. A book for my father.
12. I arrived in Madrid.
13. At night.
14. On the left.
15. From now on.
16. Ten kilometres from here.
17. Two hundred pesetas a day.
18. In spite of the rain.
19. At least.
20. He is looking for his pencil.

2. Give the Spanish for:

1. He tried to write a book.
2. They forgot to come.
3. He wanted to help us.
4. I will be there for the winter.
5. We are glad to do it.
6. I will leave for London tomorrow.
7. They refuse to return.
8. They ceased to work.
9. I bought the present for seven hundred pesetas.
10. My father was too tired to come with me.
11. He is sure to know her.
12. He had just seen us.
13. They succeeded in finding it.
14. I intend to go and see Juan.
15. He said it was good for the health.

3. Give the Spanish for:

1. Without being seen by my friends.
2. Until Tuesday.
3. Without one peseta.
4. After seeing us.
5. He was in Spain for ten years.
6. Across the street.
7. He is in Valencia.
8. Before coming here.
9. In order to do it.
10. Under the bed.
11. He went for the doctor.
12. On the table.
13. On the following day.
14. One after another.
15. They went out into the street.
16. Leaning against the wall.
17. After the exam.
18. On the other hand.
19. I lost sight of my father.
20. They returned five minutes later.

4. Replace the dashes by *por* or *para* as appropriate:

1. Trabaja mucho — poder comprar un coche nuevo.
2. Mi tío no está — tales ideas ridículas.
3. Es demasiado joven — venir con nosotros.
4. Estudio — médico.
5. Compraron las botellas de vino — trescientas pesetas.
6. Daba un paseo — la avenida.
7. — ella no es muy útil.
8. Saldremos — Londres el dos de octubre.
9. No tenemos bastante dinero — comprarlo.
10. Está en la cárcel — haber robado el dinero.

5. Turn into Spanish:

Miguel was so worried about his Latin exam that the idea occurred to him to go and see his former Latin master, Señor González, to ask for his help. When he arrived at the house, he was so nervous that he wished the house would collapse and bury him in the ruins.

An old woman led him into the sitting room and after a while Señor González entered. Miguel asked after (por) his health and that of his family, and then he explained that within three months he was going to present himself for his Latin exam. Unfortunately he was not well prepared in this subject because he had given it up a year ago.

Señor González was horrified to hear this. He very much regretted that Miguel had abandoned his Latin studies, but later he said he would do everything he could to help him.

6. Write a free composition of not more than 150 words on ONE of the following subjects:

1. Mi asignatura favorita.
2. Como terminó la visita del estudiante al professor de latín.
3. Una visita a su tío que es muy rico pero muy desagradable.

Chapter 13

DON FERNANDO EN UN APURO

(*Es medianoche*)

ANTES DE LLEGAR a la tapia, Don Fernando percibió con terror que se movían las ramas del manzano por donde había saltado, y en la escasísima claridad de la noche observó que el bulto de un hombre se movía entre ellas y se dejaba caer al suelo como él había hecho.

Don Fernando quedó petrificado; mucho más creció su miedo y su vergüenza cuando el hombre dio unos cuantos pasos por la huerta y vino hacia él; lo primero que se le ocurrió fue echarse al suelo; el hombre pasó cerca de él: era José.

—¿Vendrá también a robar? — pensó Don Fernando; pero José dejó salir de su boca un silbido prolongado, y Don Fernando comprendió que se trataba de una cita amorosa, cosa que le sorprendió bastante, pues creía, como todo el pueblo, que las relaciones de Elisa y el marinero estaban rotas hacía ya largo tiempo. No tardó en aparecer otro bulto por el lado de la casa, y ambos amantes se aproximaron y comenzaron a hablar en voz tan baja que Don Fernando no oyó más que un levísimo cuchicheo.

La situación de Don Fernando era un poco apurada. Si los jóvenes decidiesen recorrer la huerta o si estuviesen en ella hasta que amaneciese y le viesen, ¡qué vergüenza! Para evitar este peligro, se arrastró lenta y suavemente hasta el manzano y se ocultó entre unas malezas que había cerca de él, esperando que José se marchase para trepar de nuevo al árbol y retirarse a su casa.

Mas al poco de estar allí, comenzaron a caer algunos goterones de lluvia, y los amantes vinieron también a refugiarse debajo del manzano, que era uno de los pocos árboles que había en la huerta y el más lejano de la casa. Don Fernando se creyó perdido y comenzó a temblar de miedo. No se atrevió a mover ni un dedo. Elisa y José se sentaron en un banco, uno al lado de otro, dando la espalda a Don Fernando, sin sospechar su presencia.

(Adapted from ARMANDO PALACIO VALDÉS, *José*)

VOCABULARY

el amante lover
aproximarse to approach
apurado difficult, embarrassing
arrastrarse to drag oneself
la boca mouth
el bulto indistinct form
la cita amorosa lovers' meeting
la claridad light, brightness
crecer to increase
el cuchicheo whispering
el dedo finger
escasísimo very limited, scanty
la espalda back; **dar la espalda** to turn one's back
evitar to avoid
el goterón large drop (**la gota** drop)
lejano far
levísimo very slight
la maleza bush
el manzano apple tree
el miedo fear
ocultarse to hide oneself
el paso step, pace; **dar pasos** to take steps
percibir to perceive, detect
al poco de estar allí a short time after he had been there
la rama branch
recorrer to go through, cross
sospechar to suspect
suavemente gently
la tapia wall
tratarse de to be a question of
la vergüenza shame, embarrassment

Answer in Spanish the following questions:

1. ¿Qué percibió Don Fernando?
2. ¿Qué hizo el hombre después de dejarse caer al suelo?
3. ¿Por qué había venido Don Fernando?
4. ¿Qué pasó cuando José dejó salir de su boca un silbido prolongado?
5. ¿Por qué no oyó Don Fernando más que un levísimo cuchicheo?
6. ¿De qué tenía miedo?
7. ¿Dónde se ocultó?
8. ¿Qué esperaba?
9. ¿Por qué se creyó perdido?
10. ¿Qué tiempo hacía?

CONVERSATION PRACTICE: UN VECINO SE DESPIERTA A LA UNA DE LA MAÑANA

El Vecino (Pedro); Su Esposa

Esposa: ¡Pedro!
Pedro: ¿Cómo?
Esposa: ¿No oyes nada?
Pedro: No, querida. Dormía tranquilamente.
Esposa: Estoy segura de que oí un ruido en el jardín.
Pedro: Será el viento.

ESPOSA: Creo que debes ir a ver si hay alguien allí.

PEDRO: Si hay alguien en el jardín, no quiero molestarle. Prefiero seguir durmiendo. Además, no hay nada en el jardín que valga la pena de robar.

ESPOSA: El ladrón puede tratar de entrar en la casa. Sin embargo, si tienes miedo, yo iré a ver.

PEDRO: Como gustes. (*Su esposa va a la ventana*)

ESPOSA: ¡Mira! ¡Un hombre está trepando al árbol cerca de la tapia! (*Pedro se levanta de la cama*)

PEDRO: Sí. Tienes razón.

ESPOSA: ¡Ve a cogerle!

PEDRO: Es un hombre muy fuerte. Voy a telefonear a la policía.

ESPOSA: Y cuando los policías hayan llegado, el ladrón se habrá escapado.

PEDRO: En ese caso, gritaré con todas mis fuerzas y el ladrón huirá. (*Abre la ventana*) ¡¡Oiga!! ¡Si no se va inmediatamente, le mato con mi escopeta!

ESPOSA: Ha huído.

PEDRO: Todo lo que se necesita en tales ocasiones es la firmeza y el valor.

ESPOSA: Claro.

PEDRO (*nervioso*): ¿Estás segura de que las puertas de la casa están cerradas con llave?

VOCABULARY

cerrar con llave to lock
la escopeta gun
la firmeza firmness
huir to run away
molestar to trouble

GRAMMAR

Learn: Conjunctions, Rules 54 to 60; pages 159–161. Infinitive with other prepositions, Rule 87; pages 185–186.

Revise: Irregular verbs *andar, caber, conducir,* Rule 126; pages 200–201.

EXERCISES

1. Give the Spanish for:

1. It is not my brother but my sister.
2. She is not intelligent, but she certainly is beautiful.
3. He had only his books.
4. I didn't know you had come.
5. They do nothing but talk.
6. We must start to eat at once, since my friend is not coming.

7. No one but his father knew it.
8. My friend did nothing, but he was always complaining.
9. They invited us to the theatre, but we could not come.
10. We have been very happy since you have been here.

2. Complete the following sentences by writing in the appropriate Spanish word for *and*.

1. Carlos — María.
2. Juan — Ignacio.
3. Padre — hijo.
4. Pan — agua.
5. Nieve — hielo.
6. España — Italia.
7. Vivo — interesante.
8. María — Elena.
9. Fernando — Isabel.
10. Francia — Inglaterra.

3. Complete the following sentences by writing in the appropriate Spanish word for *or*.

1. María — Enrique.
2. Perro — gata.
3. Siete — ocho.
4. Juan — Isabel.
5. Amor — odio.
6. Mujer — hombre.
7. Hermano — hermana.
8. Inglés — holandés.
9. Plata — oro.
10. Ayer — hoy.

4. Give the first and third persons singular and plural of the Present, Past Historic and Future tenses of:

conducir andar

Give the third person singular of the Present and Future tenses of:

caber volver salir

5. Give the Spanish for:

1. They consented to come.
2. He succeeded in finishing it.
3. I hesitated to say so.
4. He is thinking of going to see her.
5. We tried to find it.
6. Neither Juan nor María.
7. He tried to finish it yesterday.
8. He began by explaining it to me.
9. They began to work.
10. We hear your sister singing.
11. She was preparing to go out.
12. They made us do it.
13. He ended by buying it.
14. Not only Carlos but Felipe.
15. He spoke in a low voice.

6. Give the Spanish for:

Don Fernando lived alone in a large house. He never had any money because he never did any work, and from time to time he was very hungry. One night he climbed the wall of a neighbour's garden, dropped on to the ground and started looking for some fruit.

He did not succeed in finding any apples, so he searched among the vegetables, but while he was doing this, he saw with terror that a man was approaching quietly from the house. However, Don Fernando managed to hide himself in some bushes near the apple tree. Soon a woman also appeared and she and the man talked for a long time.

After two hours it started to rain, but still the man and woman went on talking. The unfortunate Don Fernando remained on the ground, without daring to move a finger.

7. Write a free composition of not more than 150 words on ONE of the following subjects.

1. Un ladrón acaba de robar en su casa.
2. Una noche de verano.
3. Vd. vuelve a casa de noche y ve a un hombre en el jardín. Describa Vd. lo que pasa.

Chapter 14

UN DESASTRE EN LA MINA

Se acercaba la hora del mediodía, y las mujeres preparaban la comida para los trabajadores, cuando la campana de alarma las hizo abandonar la faena y precipitarse despavoridas fuera de las habitaciones.

María de los Ángeles se ocupaba en colocar en la cesta destinada a su hijo la botella de vino, cuando la sorprendió el toque de alarma y, soltando aquellos objetos, se abalanzó hacia la puerta, frente a la cual pasaban rápidamente grupos de mujeres seguidas de cerca por turbas de chiquillos que corrían desesperadamente en pos de sus madres. La anciana siguió aquel ejemplo; sus pies parecían tener alas, el aguijón del terror galvanizaba sus viejos músculos y todo su cuerpo se estremecía.

Las habitaciones quedaron desiertas. Sus puertas y ventanas se abrían y se cerraban con estrépito, impulsados por el viento. Un perro, atado en uno de los corredores, sentado en sus cuartos traseros, con la cabeza vuelta hacia arriba, dejaba oir un lúgubre aullido.

Sólo los viejos no habían abandonado su banco calentado por el sol, y, silenciosos e inmóviles, seguían siempre en la misma actitud.

Una recia barrera de madera defendía la entrada de la mina, y en ella fue a estrellarse parte de la turba. Al otro lado, unos cuantos obreros silenciosos contenían las apretadas filas de aquella turba que ensordecía con sus gritos, pidiendo noticias de sus parientes, del número de los muertos y del sitio de la catástrofe.

(Adapted from Baldomero Lillo, *El Chiflón del Diablo*)

VOCABULARY

abalanzarse to rush at full speed
la actitud attitude
el aguijón spur, prick, goad
el ala (*f.*) wing
anciano old
apretado thick, dense, tight
el aullido howl
la barrera bar, barrier
calentar (**ie**) to warm
la campana bell
el corredor corridor
los cuartos traseros hind quarters
el chiquillo small child
defender (**ie**) to defend, protect

desesperadamente desperately
despavorido panic-stricken, terrified
ensordecer to deafen
estrellarse to dash, burst (wave)
estremecerse to quiver, tremble
el estrépito noise; **con estrépito** noisily
la faena task
la fila row, line
galvanizar to galvanize, rouse
impulsado driven
inmóvil motionless
el objeto object
ocuparse en to be busy
en pos de behind
precipitarse to rush
recio stout, strong
silencioso silent
el sitio place
el toque ring, alarm bell
la turba crowd
unos cuantos some, a few
vuelto hacia arriba turned upwards

Answer in Spanish the following questions:

1. ¿A qué hora se oyó la campana de alarma?
2. ¿Qué hacían las mujeres en las habitaciones?
3. ¿Qué hicieron cuando oyeron la campana de alarma?
4. ¿Qué vio María de los Ángeles cuando salió a la calle?
5. ¿Qué hacían los chiquillos?
6. ¿Cuántas personas quedaron en las habitaciones?
7. ¿Por qué no salió el perro?
8. ¿Qué hacía el perro?
9. ¿Dónde estaban los viejos?
10. ¿Qué pedían las mujeres a la entrada de la mina?

CONVERSATION PRACTICE: LA LLEGADA DE UN PERIODISTA DE LA "NACIONAL"

El Periodista; El Obrero

Periodista: Soy periodista de la "Nacional". ¿Es Vd. uno de los supervivientes?

Obrero: Sí, señor.

Periodista: ¿Sabe Vd. si hay muchas víctimas?

Obrero: Se teme que hayan muerto seis hombres pero no se sabe el número exacto porque todavía está obstruída la entrada de la mina.

Periodista: ¿Qué ocurrió?

Obrero: Al principio una tremenda explosión sacudió el suelo, después una lluvia de piedras y de barro cayó sobre nosotros.

Periodista: El doctor ha declarado a su regreso de la mina que muchos obreros han sido salvados. ¿Cree Vd. que otros muchos queden en la mina?

OBRERO: Creo que no, porque era la hora en que se termina el trabajo del día y la mayoría de los mineros habían salido ya.
PERIODISTA: Vd. ha tenido mucha suerte de no ser gravemente herido.
OBRERO: Sí, pero no ha sido así con muchos de mis amigos.
PERIODISTA: Le ruego acepte la expresión de mi más sentido pésame.

VOCABULARY

el barro mud
el minero miner
el periodista journalist
el pésame sympathy
el regreso return
sacudir to shake
sentido deeply felt
temer to fear

GRAMMAR

Learn: Government of verbs, Rule 101; page 193. Uses of *saber*, *conocer*, *poder*, Rule 106; Translation of "to ask", Rule 107; page 196.

Revise: To like, Rule 108; pages 196–197. Irregular verbs *dar*, *decir*, *hacer*, Rule 126; pages 201–202.

EXERCISES

1. Give the Spanish for:

1. They paid for the hotel.
2. He listens to the radio.
3. Can he play the piano?
4. I was looking through the window.
5. I knew him.
6. I knew it.
7. He learnt it.
8. I paid the butcher five hundred pesetas.
9. We thanked them for their kindness.
10. He asked me for bread.

2. Give the Spanish for:

1. He is looking at the beach.
2. We were waiting for my mother.
3. They don't know the truth.
4. Do you know the shop?
5. He wanted to see us.
6. I can't come tomorrow.
7. He paid too much for his flat.
8. We met him last night.
9. He is looking for his money.
10. So far as I know.

3. Give the first and third persons singular and plural of the Present, Past Historic and Future tenses of:

hacer dar decir

4. Give the Spanish for:

1. He asked me where Señor Ruiz lived.
2. We used to know your uncle very well.
3. Their house faced the sea.
4. She said she wouldn't go, as her mother was ill.
5. Did you like the play we saw last week?
6. I asked him to come and see me.
7. Do you know the director of this firm?
8. They asked for our passports at the station.
9. Emilia decided that she didn't like the grapes.
10. We like your friend Juan very much.

5. Turn into Spanish:

María was busy preparing the food for her son Manuel who worked in the mine. María's husband had been killed in a mining disaster ten years before and, as Manuel was her only son, she was very frightened when she heard the alarm bell just before midday.

She ran out of the house and saw many women hurrying along the street to the entrance of the mine. Many small children were following their mothers in the confusion. When the women arrived at the mine, they found several workmen at the entrance, across which they had placed a strong wooden bar. There was no news yet of their relatives, but after a while the doctor appeared and stated that no one had been killed. A few men had been hurt, but none of them seriously.

6. Write a free composition of not more than 150 words on ONE of the following subjects:

1. Vd. ve a mucha gente que corre hasta la plaza. Describa Vd. lo que ocurre.
2. Un accidente en la calle.
3. Escriba Vd. un artículo breve para la "Nacional", describiendo lo que ocurrió después del desastre en la mina.

Chapter 15

LA NUEVA CASA NOS TRAE MALA SUERTE

HASTA los cuarenta y cinco años, mi padre fue un hombre robusto. Cuando pasó esto, yo tendría unos diez y nueve años. Vivíamos en Talca, cerca de la estación. Un día mi padre decidió que nos cambiáramos a otra casa, a una que estaba al lado del presidio. Cuando nos estábamos cambiando, vino una viejecita que vivía por ahí cerca y le dijo a mi padre:

— Mira, José Manuel, no vengas a esta casa. Desde que murió aquí el pobre Huerta, nadie ha podido vivir en ella sin tener alguna desgracia en la familia. . . . La casa está embrujada; tiene colocolo. . . .

Mi padre se rió a grandes carcajadas. ¡Colocolo! Eso era bueno para las viejas y para asustar a los chiquillos, pero a un hombre como él no se le podían contar esas mentiras.

— No tenga cuidado, abuela; en cuanto el colocolo asome el hocico, lo mato de un pisotón.

Se fue la viejecita, moviendo la cabeza, y nosotros terminamos la mudanza. Al principio no sucedió nada, pero, al poco tiempo, mi padre empezó a toser y a ponerse pálido; fue enflaqueciendo y por las mañanas se despertaba acalorado. De noche tosía tan fuerte que nos despertaba a todos. Le dolía la cabeza.

— ¡Qué diablos me está dando! — decía.

Mi madre le preparó algunos remedios caseros y le daba friegas. No mejoraba nada.

— ¿Por qué no ves a un médico, José Manuel? — le decía mi madre.

— No, mujer, si esto no es nada. . . . Pasará pronto.

Pero no pasaba; al contrario, empeoraba cada vez más. Después le dio fiebre y un día echó sangre por la boca. Se quejaba de dolores en la espalda y en los brazos. No podía ir a trabajar. Una noche se acostó con fiebre. Como a las doce, mi madre, que dormía cerca de él, le sintió sentarse en la cama y gritar:

— ¡El colocolo! ¡El colocolo!

—¿Qué te pasa, José Manuel? — le preguntó mi madre, llorando.

—¡El colocolo!

Nos levantamos todos. Mi padre ardía de fiebre y gritaba que había sentido el colocolo encima de su cara. Al día siguiente llamamos a un médico; le examinó y dijo que había que darle estos y otros remedios. Los compramos, pero mi padre no los quiso tomar, diciendo que él no tenía ninguna enfermedad y que lo que le estaba matando era el colocolo.

(Adapted from MANUEL ROJAS, *El Colocolo*)

VOCABULARY

acalorado hot, excited
arder to burn
asomar to show, allow to appear
la carcajada loud laughter
casero domestic, household
***el colocolo** wild cat (Chilean word)
en cuanto as soon as
la desgracia misfortune
despertar(se) (ie) to wake up
el diablo devil; **¡Qué diablos me está dando!** What a devil of a time it is giving me!
el dolor pain
embrujado bewitched
empeorar to get worse
la enfermedad illness
enflaquecer to grow weak or thin
la fiebre fever, temperature
la friega massage, rubbing
el hocico snout, muzzle
mejorar to get better
la mentira lie
la mudanza change
el pisotón stamp (of the foot)
el presidio fortress, prison
reirse a carcajadas to laugh very loudly
el remedio remedy
suceder to happen
toser to cough

* El Colocolo is also the name of a famous football team in Chile.

Answer in Spanish the following questions:

1. ¿Cuántos años tenían el autor y su padre?
2. ¿Dónde estaba la nueva casa?
3. ¿Por qué no podía vivir nadie en la casa?
4. ¿Qué hizo el padre cuando la viejecita le habló?
5. ¿Qué le dijo a la viejecita?
6. ¿Cuáles fueron los primeros síntomas de la enfermedad del padre?
7. ¿Por qué despertaba de noche a toda la familia?
8. ¿Qué hacía la madre?
9. ¿Qué ocurrió a medianoche?
10. ¿Qué hizo el médico?

VOCABULARY

el síntoma symptom

CONVERSATION PRACTICE:

VISITA AL MÉDICO

JUAN; EL MÉDICO

JUAN: Buenos días, doctor. No me encuentro bien desde hace dos días.

MÉDICO: ¿Qué tiene Vd?

JUAN: Me duelen la espalda y la cabeza, y de noche apenas puedo dormir.

MÉDICO: ¿Por qué no?

JUAN: Porque cuando me acuesto, siempre empiezo a toser y, al levantarme a las ocho de la mañana, me siento muy cansado.

MÉDICO: Vd. dice que está enfermo desde hace dos días ¿verdad?

JUAN: Sí. Pasé unas horas en la playa tomando un baño de sol, pero, al volver a casa, me dolía mucho la espalda.

MÉDICO: Claro. Es peligroso con este sol. Voy a ver si tiene fiebre. (*Después de un rato mira el termómetro*) Sí. Tiene un poco de fiebre, pero no es

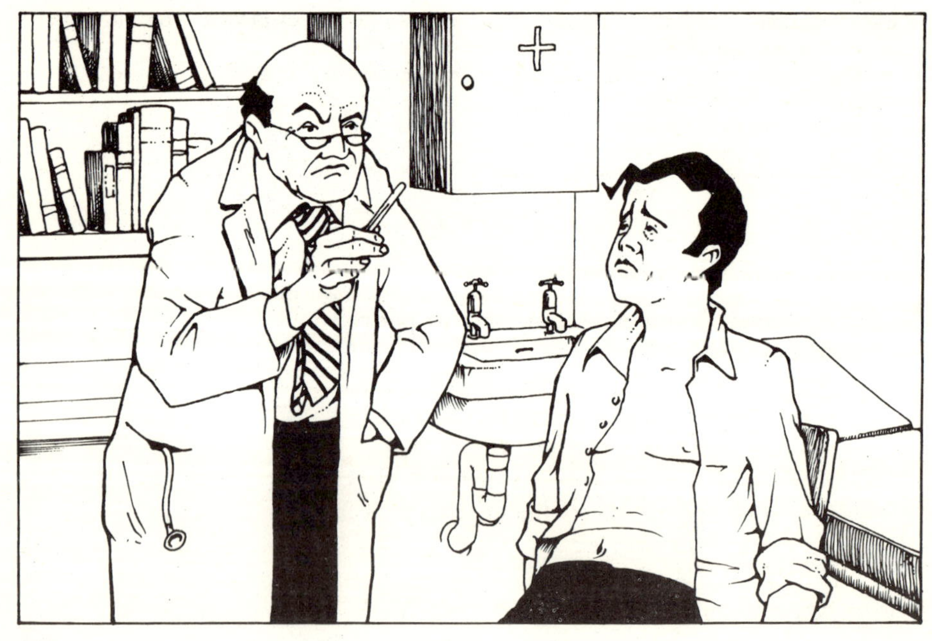

grave. Le daré una receta para la tos y un poco de crema para las quemaduras del sol.

JUAN: Gracias. ¿Dónde está la farmacia más próxima?

MÉDICO: En la Plaza Prat. Después de ir allí, debe Vd. volver a casa y acostarse. Dentro de dos días iré a visitarle.

VOCABULARY

la crema cream, ointment
la farmacia chemist's shop
las quemaduras del sol sunburn
la receta prescription
el termómetro thermometer
la tos cough

GRAMMAR

Learn: Letter-writing and forms of address, Rules 130–131; pages 206–208. Verbs with two objects, Rule 102; Verbs taking *a* before a noun or pronoun, Rule 103; pages 193–194.

Revise: Irregular verbs *ir, oir, poder*, Rule 126; pages 202–203.

EXERCISES

1. Give the Spanish for:

1. The food always tasted of garlic.
2. I bought the car from my uncle.
3. They asked María for her passport.
4. I want some ointment for sunburn.
5. At first nothing happened.
6. He was approaching the village.
7. We thanked him for the books.
8. They have not answered our question.
9. He has pardoned me for the error.
10. They were playing football.

2. Give the first and third persons singular and plural of the Present, Past Historic and Future tenses of:

oir poder ir

Give the first and third persons singular and plural of the Imperfect tense of:

ir

3. Give the Spanish for:

1. They have decided to go.
2. He saw Señor Ibáñez.
3. Good morning, Señora Benavides.
4. He turned pale.
5. My wife is not at home.
6. He took off his hat.

7. Bigger and bigger.
8. Your loving son, Carlos.
9. Dear Madam.
10. Slowly and anxiously.
11. Dear Sir.
12. We want to do it.
13. My dear Emilia.
14. He was going to the station.
15. Yours faithfully.

4. Give the Spanish for:

1. He cannot sleep at night.
2. I was waiting for the bus.
3. He stole the money from the girl.
4. I thanked him for his present.
5. The living room smells of beer.
6. How old is your grandmother?
7. Where is the nearest chemist's shop?
8. I was present at the church.
9. He woke us all up.
10. We hid it from your friend.

5. Turn into Spanish:

Calle Juan Pérez 16 — 2°,
Iquique, Chile.
25th May.

My dear Conchita,

Thank you for your letter of May 15th. I would have very much liked to come to the party at your house on June 1st, but unfortunately I cannot do so because my sister is ill. She went to bed yesterday and when the doctor came to see her, he said that she would have to stay in bed for a week.

It was possible that my mother might return from Cavancha before June 1st, but she has just written us a letter in which she says that she has many things to arrange there and that she does not think she will be back sooner.

I hope that the party will go well and I am very sorry that I cannot come.

Yours sincerely,
Elena.

6. Write a free composition of not more than 150 words on ONE of the following subjects:

1. Escriba Vd. una carta al director de la casa de comercio donde Vd. trabaja, explicándole por qué no ha podido ir al despacho esta semana.
2. Escriba Vd. una carta a un amigo, describiendo sus vacaciones a orillas del mar.
3. El médico visita mi casa.

REVISION EXERCISES

1. Revise the grammar rules of Chapters 11, 12 and 13 (Rules 31 to 41, 42 to 53, 54 to 60, 85, 86, 87).

(*a*) Study carefully the following examples, then practise reading each one aloud several times:

1. Ayer por la mañana.
2. Por ser demasiado caro.
3. Madre e hija.
4. El tren trae media hora de retraso.
5. No hace más que dormir.
6. Se niega a creerlo.
7. Al día siguiente.
8. No está por tales ideas.
9. Llovía a cántaros.
10. Es a fines de enero.
11. Piensa ir a visitar a sus parientes.
12. La casa se encuentra a cuarenta kilómetros de Valencia.
13. Sale para Madrid, pasando por Lisboa.
14. Niño u hombre.
15. De hoy en ocho días.
16. Mis amigos se olvidaron de venir.
17. Soñaba con hacerse escritor célebre.
18. No es Paco sino Felipe.
19. Consintió en hacerlo.
20. Se puso a trabajar.

(*b*) Give the Spanish for:

1. Half an hour later.
2. Hundreds of soldiers.
3. He is too old to do it.
4. The best house in the street.
5. On Tuesday 25th July.
6. Before seeing my father.
7. I bought it for a hundred pesetas.
8. Because it is cheaper.
9. It's exactly four o'clock.
10. Last Wednesday.
11. Until Friday.
12. After finishing it.
13. In order to see us.
14. The London train.
15. It's 7.30.
16. I returned immediately.
17. Next Sunday.
18. We went for the doctor.
19. One winter afternoon.
20. At nightfall.

(*c*) Give the Spanish for:

1. They do nothing but talk.
2. They are not in favour of seeing him.
3. It was at the end of May.
4. Seven or eight.
5. It is not John but Mary.
6. She dreams of becoming an actress.
7. It is raining cats and dogs.
8. A book for my Aunt María.
9. They are leaving for New York.
10. On the following day.
11. The station is two hundred metres on the left.
12. I began to sing.
13. The train is ten minutes late.
14. He forgot to tell me.
15. Yesterday afternoon.
16. He is thinking of doing it.
17. Father and son.
18. A week today.
19. He refused to work.
20. They consented to help us.

(*d*) Give the Spanish for:

1. He daren't wait.
2. I went and saw her.
3. He ended by doing it.
4. They are learning to read.
5. He ceased to work.
6. She teaches us to write.
7. He decided to go.
8. I am pleased to hear it.
9. They invited us to have supper.
10. He tried to open it.

(*e*) Replace the dashes by *por* or *para* as appropriate:

1. Vivimos en Nueva York — dos años.
2. — hacerse abogado, tendrá Vd. que estudiar mucho.
3. — la tarde fuimos a ver a tía María.
4. Este libro es — mi novia.
5. No tenemos bastante dinero — vivir aquí.
6. Estudia — abogado.
7. Iba — la calle.
8. Lo vendí — cincuenta pesetas.
9. Estoy demasiado cansado — hacerlo.
10. Mil pesetas — semana.

2. Revise the vocabulary of the texts and conversation passages of Chapters 11, 12 and 13.

(*a*) Study carefully the following examples, then practise reading each one aloud several times:

1. Su esposa salió a abrirme.
2. Hace tanto tiempo que no estudio el alemán.
3. Se dejó caer al suelo.
4. El hombre dio unos cuantos pasos por la huerta.
5. Miraron por todos lados.
6. No tardó en aparecer otra persona.
7. Esperó a que yo diese signo de vida.
8. Esperé que José se marchase.
9. Hemos oído hablar de este actor.
10. Hablaron en voz baja.
11. El hermoso idioma de los griegos.
12. Al poco rato se vio el tren.
13. Me puse rojo hasta el blanco de los ojos.
14. Me introdujo en la sala.
15. El señor vino en mi auxilio.

(*b*) Give the Spanish for:

1. In a few days.
2. The door is locked.
3. One heard a long whistle.
4. I did not have enough time to do it.
5. Shortly after being there.
6. The house nearby.
7. He shrugged his shoulders.
8. Slowly and gently.
9. His fame spread in all the country.
10. They were trembling.
11. He came asking for help.
12. He is hiding in the mountains.
13. I am sure I saw him.
14. He went up the stairs.
15. The unexpected noise.
16. Many other subjects.
17. He hid himself behind the tree.
18. They were very pale.
19. Of course it is cheaper.
20. He saw the driver of the bus.

(*c*) Give the Spanish for:

1. The policeman took a few steps along the street.
2. Another person appeared shortly.
3. I will wait until he sees us.
4. I hoped he would go away.
5. She spoke in a loud voice.
6. As if he had seen a ghost.
7. They showed me into the dining room.
8. We came to her help.
9. He blushed.
10. I looked in all directions.
11. We have heard of him.
12. An old woman came to open the door for us.
13. The beautiful language of the Romans.
14. I dropped to the ground.
15. It is such a long time since he studied Spanish.

3. Revise the grammar of Chapters 14 and 15 (Rules 101, 102, 103, 106, 107, 108, 130, 131, *dar*, *decir*, *hacer*, *ir*, *oir*, *pedir*, Rule 126).

(*a*) Study carefully the following examples, then practise reading them aloud several times:

1. ¿Puede Vd. venir con nosotros?
2. ¿Sabe Vd. tocar el piano?
3. Me gustan estas uvas.
4. Me pide que lo haga.
5. Muy señor mío.
6. Aprovechemos la ocasión.
7. Queremos mucho a Emilia.
8. Se lo perdona todo.
9. A mi hermano le gusta el campo.
10. Supo la verdad.
11. Esperábamos el autobús.
12. La conocí anoche.
13. Que yo sepa.
14. Le agradezco el regalo.
15. Te ruego vengas conmigo.

(*b*) Give the Gerund of:

decir oir ir pedir hacer

Give the first and third persons singular of the Past Historic of:

hacer pedir ir decir dar

Give the first person singular of the Present Indicative of:

dar hacer pedir oir decir

(*c*) Give the Spanish for:

1. I asked him to accept it.
2. They do not like the apples.
3. He is very fond of my sister.
4. He realized his mistake.
5. I am waiting for my wife.
6. Can you speak Spanish?
7. He pardoned us for everything.
8. So far as I know.
9. I shall take advantage of the good weather.
10. I thanked him for his present.
11. I did not like the food.
12 We met him yesterday.
13. Dear Sir.
14. He can't come now.
15. We asked him to come.

4. Revise the vocabulary of the texts and conversation passages of Chapters 14 and 15.

(*a*) Study carefully the following examples, then practise reading them aloud several times:

1. Juan se rió a grandes carcajadas.
2. Le dolía la cabeza.
3. Mi padre empeoraba cada vez más.
4. Siguió mi ejemplo.
5. Se teme que haya muerto.
6. El perro dejó oir un lúgubre aullido.
7. La puerta se cerró con estrépito.
8. He tenido mucha suerte.
9. Unos cuantos obreros trabajaban.
10. La mujer vivía por ahí cerca.
11. Pidió noticias de su tío.
12. Al poco tiempo, empezó a toser.
13. Al principio no sucedió nada.
14. Se abalanzó hacia la puerta.
15. No me encuentro bien.

(*b*) Give the Spanish for:

1. He could not sleep at night.
2. She was busy preparing the food.
3. What's the matter?
4. My brother was a strong man.
5. The window opened.
6. Crowds of small children.
7. I don't think so.
8. We lived near the station.
9. He turned pale.
10. On his return from the town.

(*c*) Give the Spanish for:

1. You have been very lucky.
2. Señor González lived near here.
3. At first he saw nothing.
4. They rushed to the station.
5. He was asking for news of you.
6. They laughed very loudly.
7. A few men were working in the street.
8. He is not well.
9. He is getting worse and worse.
10. Nothing happened.
11. It is feared that they have gone.
12. The door closed.
13. I followed your example.
14. He began to cough badly.
15. My head aches.

5. *Practice for the oral exam: El Instituto*

Answer in Spanish the following questions:

1. ¿Cuántos alumnos hay en este instituto?
2. ¿A qué hora de la mañana llega Vd. al instituto?
3. ¿A qué hora sale Vd?
4. ¿Qué deportes hay en el instituto?
5. ¿Cuál es su deporte favorito?
6. ¿Qué asignaturas va Vd. a estudiar después de este examen?
7. ¿Cuál es su asignatura favorita? ¿Por qué?
8. ¿Cuánto tiempo hace que está Vd. aprendiendo el español?
9. ¿Cuántas horas trabaja Vd. al día?
10. ¿Qué hace Vd. los domingos?
11. ¿Qué va Vd. a hacer cuando haya salido de esta sala?
12. ¿Cuándo dejará Vd. el instituto?

Chapter 16

UN ACCIDENTE

Cierto día del mes de enero nos divertíamos varios amigos patinando en el estanque de un molino. El frío era glacial y la capa de hielo del estanque tan espesa, que soportaba perfectamente nuestros cuerpos. A poca distancia de la orilla, unos chicos se divertían arrojando grandes piedras al hielo, con las que abrieron un ancho agujero, por donde salía el agua. Fiado en mi agilidad y tentado por el diablo, propuse a mis amigos brincar por encima del agujero, y para animarlos, salté yo primeramente. Dispuso mi mala estrella que, en uno de mis brincos, resbalase en un pedazo de hielo y, cayendo de espaldas, me hundiese en el agua. Mi angustia fue grande, pues, aunque sabía nadar, me hallaba bajo una espesa capa de hielo y no podía

atinar con el agujero ni, por tanto, respirar. Forcejeando ansiosamente, acerté con la brecha; me agarré a los bordes, que cedían en gran parte a la presión de mis manos, y, al fin, tras un supremo esfuerzo, conseguí sacar la cabeza y respirar. Vi entonces con estupor que mis amigos, creyéndome, sin duda, ahogado, habían huído. En aquella incómoda posición, aterido y como paralizado por el frío, no podía salir del agujero. El suelo estaba demasiado hondo para afianzar los pies. Por fortuna, pataleando y tanteando en todas direcciones, topé con una estaca que me prestó el ansiado apoyo y, sacando, por fin, el tronco del agujero, me libré de perecer miserablemente.

Calado hasta los huesos y penetrado de frío glacial, me puse en marcha y poco después (serían las cinco de la tarde) llegué a casa.

(Adapted from SANTIAGO RAMÓN Y CAJAL, *Mi Infancia y Juventud*)

VOCABULARY

acertar (**ie**) **con** to hit upon, guess
afianzar to support
ahogado drowned
animar to encourage
ansiado desired
aterido numb
atinar con to find
el borde edge
la brecha opening, gap
brincar to hop
el brinco hop, leap
calado hasta los huesos soaked to the skin
la capa layer, cape
ceder to yield
el cuerpo body
el diablo devil
disponer to dispose
la duda doubt
la espalda back; **de espaldas** on one's back
espeso thick
la estaca stake
el estanque pond
el estupor amazement, stupor
fiado trusting
el fondo bottom
forcejear to struggle
glacial icy
el hielo ice
hondo deep
hundirse to sink
incómodo uncomfortable
librar to free
el molino windmill
patalear to kick
patinar to skate
el pedazo piece
perecer to perish
por(**lo**) **tanto** therefore
la presión pressure
proponer to propose
resbalar to slip
respirar to breathe
tantear to grope
tentar to tempt
topar con to come across
el tronco trunk

Answer in Spanish the following questions:

1. ¿Dónde patinaban el autor y sus amigos?
2. ¿Qué hacían los chicos?
3. ¿Qué propuso hacer el autor?
4. ¿Por qué cayó de espaldas?
5. ¿Por qué tenía miedo?
6. Tras un supremo esfuerzo, ¿qué consiguió hacer?
7. ¿Por qué no le ayudaron sus amigos?
8. ¿Por qué no podía salir del agujero?
9. ¿Cómo estaba el autor al salir del agujero?
10. ¿Qué hizo después de salir del agujero?

CONVERSATION PRACTICE: DESPUÉS DEL ACCIDENTE

ENRIQUE; ELENA

(*Enrique llega a casa. Elena, su hermana mayor, le abre la puerta*)

ELENA: ¡Enrique! ¿Qué te ha pasado?

ENRIQUE: Estaba patinando con unos amigos en el estanque del molino cuando se quebró de repente el hielo y me hundí en un agujero.

ELENA: ¿Estabas enseñando a Emilia lo bien que sabías patinar?

ENRIQUE: De ninguna manera. Ella estaba hablando con Carlos. Es que los otros no me dijeron que el hielo no estaba muy espeso y me hundí.

ELENA: Debes tomar cuanto antes un baño caliente.

ENRIQUE: Tengo que beber una gran copa de coñac o me voy a morir.

ELENA: No es preciso.

ENRIQUE: ¡Estoy calado hasta los huesos! ¿Quieres que me muera de frío?

ELENA: No hay peligro de eso. Acabas de correr desde el estanque hasta casa.

ENRIQUE: ¿No me darás ni siquiera una taza de café?

ELENA: No debes seguir aquí discutiendo cuando tienes la ropa mojada. Te daré una taza de café después del baño.

ENRIQUE: ¿Con un poco de coñac?

ELENA: Veremos.

VOCABULARY

quebrarse to break

mojado soaked

GRAMMAR

Learn: Augmentatives and Diminutives, Rules 132–133; pages 208–209. Verbs taking *de* before a noun or pronoun, Rule 104; Verbs used with other prepositions, Rule 105; pages 194–195.

Revise: Irregular verbs *poner*, *querer*, *saber*, Rule 126; page 203.

EXERCISES

1. Give the Spanish for:

1. He remembers us.
2. We never thought about it.
3. He was living on bread and milk.
4. They laughed at the idea.
5. He looks at my car.
6. Do you like our cottage?
7. He has married the girl.
8. I sat in the armchair.
9. He put it in the drawer.
10. He does not realize it.
11. Do you want bread or rolls?
12. It consisted of eggs and cheese.
13. It serves as a table.
14. He has done his duty.
15. She changed her hat.

2. Give the Spanish for:

1. I wish to enquire about the time of the train.
2. They came across my mother last night.
3. He asked me what I thought of his book.
4. It depended on what might happen.
5. I intend to do it one day.
6. Juan fell in love with the girl who worked in the office.
7. Do you remember the man we met last year?
8. He used to dream of living in the South of France.
9. They were relying on us.
10. He was drinking out of a small glass.

3. Give the first and third persons singular and plural of the Present, Past Historic and Future tenses of:

querer saber poner

Give the Past Participle of:

poner escribir ver querer

4. Give the Spanish for:

1. They finally consented to the idea.
2. I don't understand what you are saying.
3. What do you think of this play?
4. One day when we were skating on the pond.
5. It was about eleven o'clock at night when he arrived at home.
6. It depends on what you mean.
7. Yesterday I was soaked to the skin.
8. Do you want me to do it?
9. We used to see her from time to time.
10. He triumphed over all his difficulties.

5. Turn into Spanish:

One December afternoon Juan and his friend Carlos were walking in the country, when they came across many people who were skating on a pond. It was very cold, but the sun was shining and everybody seemed to be enjoying himself. Suddenly a boy slipped and fell into a hole not far from the bank. Juan tried to help him, but it was dangerous to approach the hole and he soon realized that he could do nothing. Then Carlos remembered that a farmer who lived nearby had a ladder. He ran to the house and soon returned with the ladder. After a short while, they succeeded in pulling the unfortunate boy out of the hole. He was numb with cold, but when he arrived home he had a hot bath and quickly recovered from the accident.

6. Write a free composition of not more than 150 words on one of the following subjects:

1. Vd. es uno de los amigos del autor. Acaba de llegar a casa después de este episodio. Cuente a sus padres lo que ha ocurrido.
2. Vd. es la víctima de este accidente. Está muy enfadado porque sus amigos han huído. Al día siguiente encuentra a uno de estos amigos. Describa la conversación entre Vd. y él.
3. Un día de invierno.

Chapter 17

RECUERDOS DE NIÑEZ

Era una casa agradable y tibia. En la pared del comedor había un retrato del padre y de la madre, hecho el mismo día en que se casaron. El, que era alto, estaba sentado, con una pierna cruzada sobre la otra, y ella, que era bajita, de pie a su lado y apoyando la mano, una mano fina que no parecía hecha para agarrar, sino para posarse, como paloma, en el hombro de su marido.

Su madre iba y venía sin hacer ruido, como un pajarillo, siempre de negro, con una sonrisa siempre en la boca y en torno de los ojos escudriñadores.

Como un dulce sueño se les iba la vida.

Por las noches le leía su madre algo, unas veces la vida de un santo, otras una novela de Julio Verne o algún cuento candoroso y sencillo. Y algunas veces se reía, con una risa silenciosa y dulce que trascendía a lágrimas lejanas.

Luego Augusto entró al Instituto, y por las noches era su madre quien le tomaba las lecciones. Y ella estudió para tomárselas. Estudió todos aquellos nombres raros de la historia universal y solía decirle sonriendo: — Pero ¡cuántas barbaridades han podido hacer los hombres! — Estudió matemáticas, y en esto fue en lo que más sobresalió aquella dulce mujer. —Si mi madre llega a dedicarse a las matemáticas . . . — se decía Augusto. Y recordaba el interés con que seguía el desarrollo de una ecuación de segundo grado. Estudió psicología, y esto era lo que más se le resistía. — Pero ¡qué ganas de complicar las cosas! — solía decir a esto. Estudió física y química e historia natural. La fisiología le causaba horror, y renunció a tomar las lecciones a su hijo.

— Todo esto es muy feo, hijo mío — le decía. — No estudies para médico. Lo mejor es no saber cómo se tienen las cosas de dentro.

(Adapted from Miguel de Unamuno, *Niebla*)

VOCABULARY

bajo (*adj.*) short, low; **bajita** rather short
candoroso candid, frank, simple
el desarrollo unfolding, development, solving
dulce pleasant, sweet, soft
la ecuación de segundo grado quadratic equation
escudriñador peering, scrutinising
fino fine, delicate, refined (person)
la física Physics
la fisiología Physiology
la gana inclination, desire
el hombro shoulder
el Instituto state (secondary) school
la lágrima tear
llegar a to come to
la niñez childhood
la paloma pigeon, dove
la pierna leg
posarse to settle, perch
la psicología Psychology
la química Chemistry
raro rare, strange
el recuerdo memory
resistirse to resist
el retrato portrait
la risa laugh
el santo saint
sencillo simple
sobresalir to be outstanding, excel
la sonrisa smile
el sueño dream
tenerse; como se tienen = como son
tibio (luke)warm
en torno de around
trascender to transcend
la vida life

Answer in Spanish the following questions:

1. ¿Qué se veía en la pared del comedor?
2. ¿Quién estaba de pie en el retrato?
3. ¿Quién era más alto — el padre o la madre?
4. ¿Cómo se movía la madre por la casa?
5. ¿Qué le leía al hijo por las noches?
6. ¿Qué solía decir acerca de la historia universal?
7. ¿En qué asignatura sobresalió la madre?
8. ¿Qué decía ella cuando se trataba del estudio de la psicología?
9. ¿Cuáles fueron las asignaturas que estudió Augusto?
10. ¿Por qué no quería su madre que Augusto estudiase para médico?

CONVERSATION PRACTICE:
CARLOS VUELVE A LA CASA DONDE VIVÍA DE NIÑO

CARLOS; ISABEL; EL POLICÍA

(*Carlos e Isabel van en coche*)
CARLOS: Es la primera vez que visito el pueblo donde nací.
ISABEL: ¿Cuándo lo dejaste?
CARLOS: Hace ya muchos años. Vivíamos en una casa muy bonita.

ISABEL: Ve despacio. Nos acercamos al pueblo.

CARLOS: Vamos a aparcar en la plazoleta.

ISABEL: No puedes hacerlo allí porque hay una señal que dice "Prohibido Estacionarse".

CARLOS: No importa. Pasaremos poco tiempo aquí.

ISABEL: ¿Crees que haya alguien que te reconozca?

CARLOS: No sé. Vamos a la casa. Está al fondo de esta callejuela. Me acuerdo de todo ahora. En esa esquina de la calle me peleé una vez con un chico que se llamaba Antonio. Me aplastó las narices contra el escaparate de la panadería.

ISABEL: ¡Qué barbaridad! ¿Por qué lo hizo?

CARLOS: Porque yo le había tirado a la cabeza un huevo podrido. Se enfureció, pero tenía un buen sentido del humor y nos hicimos después buenos amigos.

ISABEL: ¿Es ésa tu casa?

CARLOS: ¡Qué cosa más horrible! ¡Nuestra casa se ha convertido en un garaje! Volvamos a la plazoleta. No puedo aguantarlo más.

(*Vuelven a la plazoleta*)

ISABEL (*asustada*): ¡Mira! Hay un policía cerca del coche. Está escribiendo algo en su libreta.

POLICÍA: (*severamente*) ¿Es Vd. el dueño de este coche? ¿No sabe que el estacionamiento está prohibido aquí? Como la calle es muy estrecha, se podría interrumpir el tránsito. La multa puede ser muy severa. ¿Quiere Vd. enseñarme su carnet de conducir?

CARLOS: Aquí lo tiene Vd.

POLICÍA (*asombrado*): ¿Vd. se llama Carlos González?

CARLOS: Sí.

POLICÍA: ¡Qué sorpresa! ¡Soy Antonio, tu viejo amigo! Vamos a beber una cerveza. Deja el coche allí. Está bien.

VOCABULARY

aguantar to tolerate, bear
aparcar to park
aplastar to flatten, squash
asombrado amazed
la callejuela lane, side street
el carnet de conducir driving licence
el escaparate shop window
el estacionamiento parking
estacionar to park
las narices nostrils, nose
la panadería baker's shop
la plazoleta small square
podrido rotten
un sentido del humor sense of humour
el tránsito traffic

GRAMMAR

Revise: Negation, Rules 127–129; pages 205–206.

Learn: Translation of *must, ought to, have to*, Rule 109; Translation of *may* and *might*, Rule 110; Uses of *caber*, Rule 111; Uses of *faltar*, Rule 112; *Dejar caer*, Rule 113; pages 197–198.

Revise: Irregular verbs *salir, traer, valer*, Rule 126; page 204.

EXERCISES

1. Give the Spanish for:

1. We have no bread.
2. He owes us a lot of money.
3. Neither Elena nor María will do it.
4. Nobody has come yet.
5. Never have I seen such a thing.
6. He dropped the suitcase.
7. One must see it.
8. You have found them, haven't you?
9. He has not given it to them.
10. We were seventy pesetas short.
11. It must be Henry.
12. I need some butter.
13. Who came? Nobody.
14. There was no room for more.
15. I ought to do it tomorrow.

2. Give the first and third persons singular and plural of the Present, Past Historic and Future tenses of:

valer traer salir

3. Give the Spanish for:

1. Thank you very much. Not at all.
2. My clothes will not fit in this drawer.
3. He never goes to the cinema.
4. She has no money at all.
5. You ought to have done it.
6. Not without difficulty.
7. Nobody has gone yet.
8. He must be mad.
9. We must go at once.
10. He needs a lot of rest.
11. Not even my wife.
12. Why not?
13. We have not met anyone.
14. May we come in?
15. What has he done? Nothing.

4. Give the Spanish for:

1. My parents had not arrived at midnight.
2. Do you know anyone who speaks French?
3. At school he was studying Physics and Chemistry.
4. Not one of his daughters was present at the church.
5. He said his shoulder hurt.
6. My sister used to like reading novels.
7. They wanted us to go and see her.
8. My favourite subjects are Mathematics and Natural History.
9. The waiter was writing something in his notebook.
10. They were married in the month of July.

5. Turn into Spanish:

I remember very well the house where I used to live when I was a child. On the dining-room wall there was a portrait of my father taken a few months before he married my mother. He was a tall, handsome man, who always looked very serious. In that same dining-room I used to work in the evenings. My mother had studied Mathematics at the University and she helped me a good deal. But she did not like Physiology, which always horrified her. I liked to study Physics, Chemistry and Natural History, and I wanted very much to study to be a doctor, but my father died when I was seventeen and I had to leave school and go and work in a lawyer's office.

6. Write a free composition of not more than 150 words on one of the following subjects:

1. ¿Cuáles son las ventajas de estudiar los idiomas modernos?
2. Una descripción de mi familia.
3. La casa donde vivimos.

Chapter 18

UN SOLDADO JOVEN RECUERDA LA HOSPITALIDAD DE LOS CATALANES

DURANTE mi servicio militar, tuve ocasión de conocer de cerca el carácter catalán. De las gentes que traté guardo grato e imborrable recuerdo. En Tárrega, en Cervera, en Balaguer y otros muchos pueblos, se nos recibía con agrado, más aún, con muestras de cordial simpatía.

Recuerdo todavía a mi bonísimo patrón de Tárrega, honrado comerciante de paños, padre de varios excelentes y laboriosos hijos, el cual me cobró tal

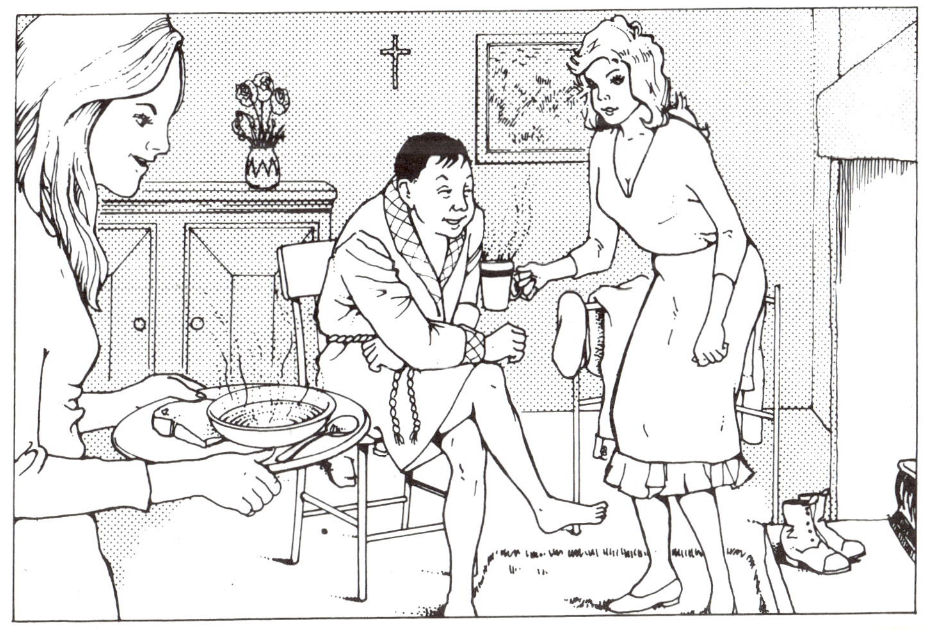

afición, que me convidaba a su mesa, me regalaba caza y golosinas, y me adelantaba dinero cuando se atrasaba la paga. Caí una vez enfermo y, no pudiendo incorporarme a la columna, me cuidó solícitamente, y llegada la convalecencia, tuvo conmigo la generosa atención de facilitarme dinero y un traje de paisano a fin de emprender rápida visita a Zaragoza y ver a mi familia en tanto regresaba mi regimiento.

Siempre recordaré con gratitud la acogida generosa de mi patrón de Sollent, cierto médico viejo, padre de numerosa familia. Al verme calado por la lluvia, fatigado por varias horas de marcha y aterido de frío, la familia me recibió afablemente, colmándome de delicadas atenciones. Encendieron lumbre, no obstante lo avanzado de la noche, prepararon suculenta cena y me abrigaron con ropa limpia mientras se secaba a la llama el uniforme. Por cierto que una de las hijas del médico, esbelta y rubia como un ángel, me causó viva impresión. Si en vez de pasar una noche en aquel hogar apacible, hubiera prolongado la estancia una semana, me hubiera enamorado perdidamente. En suma: la amable señora e hijas de mi patrón me dieron, con sus impagables finezas y atenciones, la impresión que debe sentir el hijo aventurero al reintegrarse al seno de la familia.

(Adapted from SANTIAGO RAMÓN Y CAJAL, *Mi Infancia y Juventud*)

VOCABULARY

abrigarse to wrap up, take shelter
la acogida reception
adelantar to advance
afablemente pleasantly
el agrado pleasure, liking
apacible gentle, affable, good-natured
la atención care, attention, courtesy
atrasarse to be delayed
bonísimo very good
catalán Catalan (of Cataluña, region in North-east Spain)
la caza (wild) game
cobrar afición a to take a liking to
colmar to heap, overwhelm
la columna column
conocer de cerca to get to know closely
convidar to invite
emprender to undertake
enamorarse (**de**) to fall in love (with)
encender (**ie**) to light
esbelto graceful, elegant, tall and slim
la estancia stay; dwelling, living room
facilitar to provide
fatigado tired
la fineza favour, kindness
las golosinas dainty food
grato pleasant
guardar to keep, guard
el hogar home, hearth
imborrable indelible, ineffaceable
impagable unpayable
incorporarse to join; sit up
laborioso hard-working
limpio clean
la lumbre fire, light

la llama flame, fire
la muestra sign, display
no obstante in spite of
la paga payment
el paisano peasant
el paño cloth
el patrón landlord, boss
perdidamente distractedly, madly
reintegrarse to be restored
rubio fair, blonde
secar to dry
el seno bosom
solícitamente anxiously, carefully
suculento juicy, succulent
la suma sum; **en suma** in short
en tanto in the meanwhile
tratar de to deal with
en vez de instead of

Answer in Spanish the following questions:

1. ¿Por qué estaba el autor en Cataluña?
2. ¿Cuál era la ocupación del patrón de Tárrega?
3. ¿Qué sabemos de sus hijos?
4. ¿Qué le regalaba al autor?
5. ¿Cómo sabemos que el autor no recibía siempre a tiempo su paga?
6. ¿A dónde fue el autor durante su convalecencia?
7. ¿Cómo sabemos que no llevaba uniforme durante su visita?
8. ¿Qué tiempo hacía mientras el autor estaba en Sollent?
9. ¿Qué pensó el autor de una de las hijas de la familia?
10. ¿Cuánto tiempo pasó en casa del médico?

CONVERSATION PRACTICE:
SIETE DÍAS DE PERMISO

PEPE; SU PADRE

(*Pepe, un joven soldado, vuelve a casa*)

PADRE: ¡Pepe! ¡Qué sorpresa!

PEPE: Tengo siete días de permiso. ¿Dónde está mamá?

PADRE: Está de tiendas. Volverá pronto. Estará encantada de verte otra vez. Pero ¿cómo estás? ¿No eres sargento todavía?

PEPE: Todavía no.

PADRE: ¿Es posible que tus oficiales no reconozcan tus méritos?

PEPE: Es posible, pero no creo que sea así.

PADRE: ¿Por qué no te han ascendido?

PEPE: Un día quizá sea sargento.

PADRE: ¿No has sido insubordinado?

PEPE: No. Siempre obedezco las órdenes. Es que — no me atrevo a decírselo —

PADRE: ¿Qué te ha ocurrido?

PEPE: Durante las últimas maniobras vi a un amigo mío, Juanito, que estaba de pie a orillas de un estanque lleno de barro. No pudiendo resistir la tentación, me acerqué sin que se diera cuenta y le empujé dentro. Todos reímos a carcajadas, hasta el momento en que salió del barro.

PADRE: ¿Qué ocurrió entonces?

PEPE: En aquel momento vimos que no era Juanito sino el coronel. Y eso explica por qué no soy sargento.

VOCABULARY

ascender to promote
el barro mud
el coronel colonel
empujar to push
las maniobras manoeuvres
obedecer to obey
la orden order, command
el permiso permission, permit, licence; **siete días de permiso** seven days' leave
el sargento sergeant
la tienda shop; **estar de tiendas** to be shopping
último latest, last

GRAMMAR

Revise: Translation of please, Rule 114, Translation of to return, Rule 115; Uses of *acabar*, Rule 116; *soler*, Rule 117; *valer*, Rule 118; pages 198–199.

Learn: Common idioms with *dar*, Rule 119; page 199.

Revise: Uses of the Subjunctive, Rules 89 to 100; pages 186–193.

EXERCISES

1. Give the Spanish for:

1. They usually arrive at ten o'clock.
2. It would be better to refuse.
3. It isn't worth anything.
4. We have just done it.
5. Bigger and bigger.
6. My newspaper, please.
7. Do you know my friend Juan?
8. They did it again.
9. He went on reading.
10. They returned home.
11. Please tell him to come.
12. I turned round when I heard them.
13. Mother and daughter.
14. He was going for a drive.
15. They came and saw us.

2. Give the Spanish for:

1. My bedroom overlooked a lovely garden.
2. I asked him how much my house was worth.
3. We will finish the work before he comes.
4. He was taking a stroll along the quay.

5. The unfortunate husband turned pale.
6. It is true that he said all that.
7. It is important for us to go as soon as possible.
8. He used to spend his holidays in England.
9. Do you know a lawyer who can help me?
10. I am afraid my sister is ill.

3. Complete the following sentences by putting the verbs in brackets into the appropriate tense:

1. ¿Quiere Vd. que Juan lo (hacer)?
2. No es cierto que mis amigos lo (saber).
3. No le gustaba trabajar, de modo que nunca (tener) dinero.
4. Trabajarán día y noche hasta que (acabar) la tarea.
5. Esperaron hasta que (venir) los policías.
6. Conozco a un hombre que (saber) hacer eso.
7. Es lástima que Felipe no (haber) conseguido acabarlo.
8. Si yo (tener) dinero, viviría en Francia.
9. Me alegro de que su esposa (venir) a vernos.
10. Lo acabaron sin que mis padres lo (saber).

4. Give the Spanish for:

1. Don't tell him anything.
2. He ended by drinking the milk.
3. Whenever they see us.
4. It is better to go by train.
5. We won't do it unless he pays for it.
6. It was striking six.
7. Say what you like.
8. They gave us back the suitcase.
9. If they come, we shall see them.
10. We wanted to pay for it.
11. I met his sister.
12. Let them all do it!
13. He returned to Germany.
14. I will wait until he answers.
15. They had just arrived.

5. Turn into Spanish:

Carlos, a friend of mine from Chile, once said that he would always remember with gratitude the kindness of the family with whom he spent six months in Spain. The father of the family, a man of about fifty-five, was a cloth merchant. He had many children, some of whom used to work in the town. The family had numerous relations in the neighbourhood and, as these relations were always visiting the house, he met many interesting people.

One winter day, he went for a walk in the country nearby. Unfortunately he got lost and it was very late in the evening when he returned to the house. He was soaked through by the rain, numb with cold and exhausted by several hours of walking. But the mother and daughters at once prepared a supper for him whilst the father dried his clothes before the fire.

6. Write a free composition of not more than 150 words on one of the following subjects:

1. Describa Vd. a una familia en cuya casa ha pasado unos días.
2. La vida de un soldado.
3. Vacaciones en España.

Chapter 19

UN BARCO SE HUNDE

RETROCEDÍ para abrazar al herido Marcial y corrí luego velozmente hacia el punto en que se embarcaban los últimos marineros. Eran cuatro: cuando llegué, vi que los cuatro se habían lanzado al mar y se acercaban nadando a la embarcación, que estaba a unos diez o doce metros de distancia.

—¿Y yo? — exclamé con angustia, viendo que me dejaban. — ¡Yo voy también, yo también!

Grité con todas mis fuerzas; pero no me oyeron o no quisieron hacerme caso. A pesar de la obscuridad, vi la lancha y les vi subir a ella. Me dispuse a arrojarme al agua pero en aquel instante mis ojos dejaron de ver lancha y marineros, y ante mí no había más que la horrenda obscuridad del agua.

Todo medio de salvación había desaparecido. Volví los ojos a todos lados y no vi más que las olas que sacudían los restos del barco; en el cielo ni una estrella, en la costa ni una luz. Bajo mis pies, el casco del barco se quebraba en pedazos, y sólo se conservaba unida y entera la parte de proa, con la cubierta llena de despojos. Me encontraba sobre una balsa informe que amenazaba desbaratarse por momentos.

Al verme en tal situación, corrí hacia Marcial diciendo:

—¡Nos han dejado!

El anciano se incorporó con muchísimo trabajo, apoyado en su mano; levantó la cabeza y recorrió con su turbada vista el lóbrego espacio que nos rodeaba.

—¡Nada! — exclamó; — no se ve nada. Ni lanchas, ni tierra, ni luces, ni costa. No volverán.

Al decir esto, un terrible chasquido sonó bajo nuestros pies en lo profundo del barco, ya enteramente anegado. La cubierta se inclinó violentamente de un lado, y fue preciso que nos agarráramos fuertemente a la base del mástil para no caer al agua. La cubierta nos faltaba. El último resto del barco iba a ser tragado por las olas.

(Adapted from BENITO PÉREZ GALDÓS, *Trafalgar*)

VOCABULARY

abrazar to embrace
anegado awash, sinking
la balsa raft
la base base
el casco hull
conservarse to keep
la costa coast
la cubierta deck
el chasquido creaking, crack
desbaratarse to break to pieces, collapse
los despojos débris, wreckage
disponerse a to get ready to
la embarcación boat
embarcarse to embark
entero entire, complete
faltar: la cubierta nos faltaba the deck was giving way beneath us
la fuerza strength
horrendo horrible, hideous
inclinarse to slope, incline
informe shapeless
la lancha boat
lanzarse to throw oneself
lóbrego murky, dark, dismal
el mástil mast
el medio means
la obscuridad darkness
la ola wave
a pesar de in spite of
la proa bow
recorrer to survey, go over; cross, go through
el resto rest, remnant
retroceder to return
rodear to surround
sacudir to shake, jolt
la suerte fate, luck, fortune
tragar to swallow
turbado confused
unido united, together
velozmente swiftly
la vista vision, sight, glance, view

Answer in Spanish the following questions:

1. ¿Qué habían hecho los marineros que vio el autor?
2. ¿Dónde estaba la embarcación?
3. ¿Por qué tenía tanto miedo el autor?
4. ¿Qué hicieron los marineros cuando él gritó?
5. ¿Por qué no se arrojó al agua?
6. ¿Por qué había tanta obscuridad?
7. ¿Qué le pasaba al casco del barco?
8. ¿Por qué se hacía tan peligrosa la situación del autor?
9. ¿Por qué no le ayudó Marcial?
10. ¿Por qué fue preciso agarrarse al mástil?

CONVERSATION PRACTICE: LOS TÍOS DE IGNACIO

(*Ignacio y Pedro están a bordo de un vapor atravesando el estrecho de Gibraltar*)

IGNACIO: No me gustan los barcos y el mar me da miedo.

PEDRO: ¿Por qué? Es mi modo preferido de viajar. No hay nada más agradable que quedarse aquí, apoyado en la barandilla, con la brisa soplando, las gaviotas gritando, el sol resplandeciendo sobre las olas —

IGNACIO: Discúlpame, pero creo que me voy a marear.

PEDRO: Yo conocí una vez a un hombre que murió a consecuencia de un mareo.

IGNACIO: Muy pronto vas a conocer a otro.

PEDRO: Vamos al bar. El mejor remedio para el mareo es beber dos copas de coñac. (*Van al bar*) Prueba este coñac y te sentirás mejor.

IGNACIO (*bebe todo el coñac*): Lo único que quiero ahora es morirme.

PEDRO: ¿No te sientes mejor?

IGNACIO: Mi tío Juan navegaba en un barco por aquí cuando hubo una violenta tormenta.

PEDRO: ¿Qué pasó?

IGNACIO: El barco se hundió y mi tío casi se ahogó.

PEDRO: ¡Qué cosa más horrorosa!

IGNACIO: Nunca volvió a viajar en barco. Yo tenía también otro tío que se llamaba Enrique. Hacía un viaje de recreo en un trasatlántico moderno, pero hubo un incendio y todas las lanchas salvavidas ardieron.

PEDRO: ¿Qué le ocurrió?

IGNACIO: El también casi se ahogó y él también nunca volvió a viajar en barco. . . . Mi tío Ramón navegaba en un buque de cabotaje cuando el buque chocó de repente en una densa niebla con un trasatlántico.

PEDRO: Y ¿le salvaron?

IGNACIO: Sí, pero sólo después de pasar una hora en el agua fría. Y tenía además otro tío —

PEDRO: Creo que debes beber un poco más de coñac.

IGNACIO: Muchas gracias. Pues, como iba diciendo, este tío mío — se llamaba Felipe — viajaba hacia África en un barco mercante cuando —

PEDRO: Voy a subir a cubierta. Ya se ve la costa de Marruecos.

IGNACIO: ¿No quieres oir lo que le pasó a mi tío Felipe?

PEDRO: Ahora no. Estoy un poco mareado. Necesito estar al aire libre.

IGNACIO: Pero ¿no me dijiste que el mejor remedio para el mareo era —?

(*Pedro va rápidamente hacia la cubierta*)

VOCABULARY

ahogarse to be drowned
apoyado leaning
arder to burn, be destroyed by fire
la barandilla rail(ing)
el barco mercante merchant ship
el buque de cabotaje coaster
chocar con to collide with
dar miedo a to frighten
la gaviota sea gull
el incendio fire
la lancha salvavidas lifeboat
marearse to be sea-sick
el mareo sea-sickness
Marruecos Morocco
navegar to sail, navigate
la niebla fog, mist
preferido favourite
probar (ue) to try, test, prove
el remedio remedy
resplandecer to shine, flash
soplar to blow
suavemente gently
la tormenta storm
el trasatlántico liner
el vapor steamer
el viaje de recreo pleasure trip

GRAMMAR

Learn: Uses of *servir*, Rule 120; Uses of *hacerse*, *ponerse*, Rule 121; Translation of *to go*, Rule 122; Uses of *esperar*, Rule 123; pages 199–200.

Revise: Irregular verbs *venir* and *ver*, Rule 126; pages 204–205.

EXERCISES

1. Give the Spanish for:

1. He went to sleep.
2. We ask you to accept it.
3. I am glad he has found it.
4. He began to describe it.
5. Do you know my friend?
6. Will they go away?
7. They became very rich.
8. He went to the kitchen.
9. I was waiting for a taxi.
10. What's the use of saying that?
11. He went to the station.
12. The first time.
13. She is getting bored.
14. There is no doubt.
15. They were going near the beach.

2. Give the Spanish for:

1. Where are they going?
2. He must be ill.
3. My watch was not working.
4. We very much like the grapes.
5. We will wait until he arrives.
6. I got to bed at eleven o'clock.
7. We are short of money.
8. Lunch time.
9. They went out into the street.
10. Without her.
11. I hope he will come.
12. He asked for beer.
13. He dropped his books.
14. One of my friends.
15. We gave it to him.

3. Give the Spanish for:

1. The sun was setting when the ship entered port.
2. He shouted, but they took no notice of him.
3. I am afraid he has forgotten to come.
4. I prefer to travel in a modern liner.
5. The deck was full of English passengers.
6. In spite of the rain, I arrived home at seven o'clock.
7. There was not a star in the sky.
8. As he said that, the doctor entered the house.
9. Do you want us to pay you now?
10. He asked my brother for the money.

4. Give the first and third persons singular and plural of the Present, Past Historic and Future tenses of:

venir ver

5. Turn into Spanish:

Manuel ran quickly to the point from which they had seen the boat. He looked in all directions and finally he saw two sailors swimming in the sea. He was getting ready to jump into the water in order to follow them when suddenly he remembered that the injured sailor Marcial was still on the deck. He hesitated for a terrible moment, not knowing what to do. Then the two sailors disappeared in the darkness and Manuel realized that he could not reach the boat. On seeing himself in such a situation, he ran to Marcial saying: "They have left us. What are we going to do?"

With great difficulty Marcial sat up and looked at the waves. "There is nothing we can do", he said after a while, "except wait until dawn. Perhaps another ship will come and rescue us."

6. Write a free composition of not more than 150 words on one of the following subjects:

1. Un viaje en barco.
2. Un desastre en el mar.
3. Continúe Vd. la historia y explique cómo el autor fue sacado del barco.

Chapter 20

LA PARTIDA

DESPUÉS que arregló su equipaje, Miguel recorrió el pueblo despidiéndose de los amigos que había hecho durante su estancia. Próxima ya la hora de partir y habiendo oído sonar la sirena del vapor, volvió a casa con objeto de despedirse de Maximina.

Por más que la buscó por todas partes, no pudo hallarla. Nadie sabía dónde se había metido. Doña Rosalía opinó que se habría ido a la iglesia. Después de enviar el equipaje, Miguel se fue con el corazón oprimido hacia el muelle; pero antes se le ocurrió dar una vuelta por la iglesia.

Como el tiempo apuraba, corrió hasta sofocarse. No vio rastro de Maximina en todo el ámbito del templo. Salió cabizbajo y llegó al vapor, que estaba tocando la sirena en espera suya. Cuando subió a bordo, el capitán

le dijo con malos modos que hacía quince minutos que le aguardaban. No le causó ningún efecto la reprensión. Subió al puente. En el momento en que el buque empezaba a moverse, percibió en el balcón de la casa de don Valentín la figura de su novia. Echó mano apresuradamente a los gemelos del capitán que colgaban de la baranda, y pudo ver a su novia llorosa con un pañuelo en la mano haciéndole señas. Sacó el suyo del bolsillo y contestó, lleno de emoción.

La tarde estaba tranquila y el cielo nublado. Las aguas de la bahía, inmóviles y verdosas, reflejaban confusamente la columna de humo que el vapor dejaba en pos de sí. Algunas otras figuras humanas se asomaban a los balcones, aterradas al oir los prolongados y furiosos ronquidos de la máquina.

Hasta que el barco salió por la boca estrecha de la bahía, Miguel no apartó los gemelos de sus ojos, dirigiéndolos al balcón donde quedaba la triste Maximina. Cuando una peña se la ocultó, dejó caer las manos con dolor. Después se limpió las mejillas, que estaban húmedas.

(Adapted from Armando Palacio Valdés, *Riverita*)

VOCABULARY

aguardar to wait for
el ámbito ambit, boundary, limit
apartar to remove, separate
apresuradamente quickly
apurar to run short
arreglar to arrange, put in order
aterrado terrified
el balcón balcony
el buque boat, ship
cabizbajo downcast, crestfallen
colgar (ue) to hang
despedirse (i) de to say good-bye to, take leave of
el dolor sorrow, pain
echar mano a to lay hands on
la espera wait; **en espera suya** while waiting for him
la figura figure, face
los gemelos binoculars; twins
húmedo moist, damp
el humo smoke
lloroso weeping, tearful
la mejilla cheek
meter to put
el modo manner
el muelle wharf, quay
nublado cloudy
opinar to be of the opinion
oprimir to oppress, crush
el pañuelo handkerchief
la partida departure
la peña cliff
por más que however much, no matter how
el puente deck (ship); bridge (on land)
el rastro trace, track, sign
reflejar to reflect
la reprensión rebuke, reprimand
el ronquido noise, rasping sound, snoring
la seña sign
la sirena siren
sofocarse to be out of breath
el templo church, temple
verdoso greenish
la vuelta: dar una vuelta to take a stroll

Answer in Spanish the following questions:

1. ¿Qué hizo Miguel en el pueblo?
2. ¿Cómo sabía que la hora de partir estaba próxima?
3. ¿Por qué no pudo despedirse de Maximina?
4. ¿Qué dijo doña Rosalía?
5. ¿Por qué tenía Miguel el corazón oprimido?
6. ¿Por qué tuvo que correr hasta sofocarse?
7. ¿Por qué estaba enojado el capitán?
8. ¿Qué hacía Maximina?
9. ¿Qué tiempo hacía?
10. ¿Qué hizo Miguel cuando ya no podía ver a su novia?

CONVERSATION PRACTICE: LA DESPEDIDA

EL INGLÉS; TERESA

(*El inglés toca el timbre del piso de la señora Martínez. Su hija Teresa le abre*)

TERESA: Buenos días.

INGLÉS: ¿Está en casa tu madre? Me voy mañana en el rápido de las ocho y vengo para despedirme de tu familia.

TERESA: Mamá no está en casa, pero ¿quieres pasar?

INGLÉS: Muchas gracias. A decir verdad, era a ti a quien quería ver para agradecerte tu ayuda.

TERESA: De nada. Ha sido un placer.

INGLÉS: Después de pasar dos meses aquí, hablo mucho mejor.

TERESA: Hablas ahora como un español.

INGLÉS: He disfrutado mucho de la vida española, de las tertulias a las cuales he asistido y también del clima agradable.

TERESA: ¿Qué te ha causado más viva impresión?

INGLÉS: Aquí son las mujeres las que se ocupan de los quehaceres domésticos y los hombres no tienen que fregar los platos. Aquí son los hombres los que mandan y las mujeres las que obedecen.

TERESA: Por lo menos en teoría. Tal es la impresión que nosotras las españolas queremos dar.

INGLÉS: Espero que un día irás a Inglaterra.

TERESA: Encantada. Me gustaría mucho.

INGLÉS: Adiós Teresa.

TERESA: Adiós y buen viaje.

VOCABULARY

asistir to be present
el clima climate
la despedida farewell
disfrutar de to enjoy
fregar (ie), lavar los platos to wash up
mandar to command
ocuparse de to busy oneself with, to do
el placer pleasure
los quehaceres domésticos housework
el rápido express train
la teoría theory
tocar el timbre to ring the bell

GRAMMAR

Revise: Personal *a*, Rule 9; page 136. Uses of *ser* and *estar*, Rule 74; pages 174–176. Radical-Changing verbs, Rule 63; pages 163–165.

EXERCISES

1. Give the Spanish for:

1. My father is a lawyer.
2. Elena is from Salamanca.
3. He is in London.
4. Do you know Señor Ibáñez?
5. John is always pale.
6. María is (looking) pale this morning.
7. Those things are mine.
8. My mother was sitting in an armchair.
9. After a while.
10. When I was a child.
11. It is becoming smaller and smaller.
12. I have lost my dog.
13. She was very tired.
14. María is hardworking.
15. He took no notice of us.
16. There is a man in the garden.
17. He had just eaten it.
18. Have you seen Anita?
19. His brother was a farmer.
20. He is sleeping in the sitting room.

2. Give the third persons singular and plural of the Present and Past Historic tenses of:

pensar pedir encontrar dormir doler perder seguir sentar sentir morir

3. Give the Spanish for:

1. It is not wise to do that.
2. He will be talking at four o'clock.
3. His father looks very old.
4. Has he forgotten to come?
5. We have given it to him.
6. The shops are shut.
7. It was the first time.
8. I was reading the paper.
9. He was killed.
10. He was dead.
11. They were not there.
12. He is now working in an office.
13. It was in May when he died.
14. Do you know where my brother is?
15. He was very old.

16. There are many people working there.
17. It is seven o'clock.
18. Your sister is (looking) very pretty.
19. She is very pretty.
20. Breakfast is ready.

4. Give the Spanish for:

1. He will be there as soon as possible.
2. Did Juan like the apples we gave him?
3. I didn't want them to come with me.
4. I knew Señor González and his children very well.
5. From time to time he lent Emilia money.
6. It was at the beginning of June.
7. I am sorry I have not done it yet.
8. He said he was too tired to start it.
9. It would be better to tell him the truth.
10. He wanted to visit my friends in London.

5. Turn into Spanish:

Miguel went to the town to say good-bye to the friends who had helped him during his stay. He wanted especially to say good-bye to María, but when he arrived at her house, her mother told him that she had gone shopping. Miguel went to the centre of the town but, although he looked for her everywhere, he did not succeed in finding her. As time was short, he ran to the quay. The ship was sounding its siren and, when Miguel went on board, the Captain was very angry.

As the ship was leaving the bay, he thought he saw on the balcony of Don Jaime's house the figure of a girl who was waving to him. Miguel was about to do the same, but at that moment a cliff hid her from him.

6. Write a free composition of not more than 150 words on one of the following subjects:

1. Partimos de vacaciones.
2. La descripción de un barco saliendo de la bahía.
3. Un día lluvioso a orillas del mar.

REVISION EXERCISES

1. Revise the Grammar for Chapters 16, 17 and 18 (Rules 89–100, 104–105, 109–119, *poner, querer, saber, salir, traer, valer,* Rules 126, 127–129, 132–133).

(*a*) Study carefully the following examples, then practise reading them aloud several times.

1. Quise que viniesen conmigo.
2. No me acuerdo de la tienda.
3. No se dio cuenta de que había llegado.
4. Hubieron debido dárnoslo.
5. Iremos a la playa a menos que llueva.
6. Le rogué nos ayudase.
7. Esta tarea está por acabar.
8. ¡No faltaba más!
9. Se negó a hacerlo.
10. Busca un hombre que hable inglés.
11. Hizo construir una casa de campo.
12. Me alegro de que se hayan casado.
13. Oímos venir a mi padre.
14. Nos hace falta un poco de agua.
15. Se disculpó por haber dicho tales cosas.

(*b*) Give the Spanish for:

1. He decided to come.
2. María consented to accompany us.
3. They are learning to do it.
4. We came across Juan.
5. I never think of such things.
6. Elena tried to finish it.
7. He dreams of a better world.
8. We intended to come.
9. He changed trains in Paris.
10. They refused to help him.
11. He forbade his daughters to go.
12. I did not realize that.
13. They rely on us.
14. They promised to send it.
15. Felipe had just seen him.
16. He made me sit down.
17. It depends on what he means.
18. I went to see my mother.
19. He went on reading.
20. They said it again.

(*c*) Give the first person singular of the Present and Imperfect Subjunctives of:

poner quedar querer dar conocer ver salir ir saber dormir

(*d*) Give the Spanish for:

1. It is true that he has paid.
2. Juan usually goes to the church.
3. He is short of money.
4. My dear Sir.
5. Yours faithfully.
6. It is possible that he said it.
7. We owe them a hundred pesetas.
8. Do you think he will come?
9. Do you want your wife to bring it?
10. I was taking a stroll in the square.
11. I am glad you have found it.
12. It is not certain that he will go.
13. Do you know anyone who can help us?
14. Let him come with me!
15. He must be ill.

(*e*) Give the Spanish for:

1. We are glad he has decided to do it.
2. The letter remains to be written.
3. They apologized for having arrived so late.
4. He does not realize that she is so ill.
5. He ought to have told him.
6. Do you know a man who can do this?
7. We want you to know it.
8. I need some French books.
9. Why of course!
10. He said he would come.
11. I shall not do it unless he tells me.
12. He is having a kitchen built.
13. Pedro asked me to do it.
14. We could hear Anita talking.
15. He cannot remember what he said.

2. Revise the Vocabulary of the texts and conversation passages of Chapters 16, 17 and 18.

(*a*) Study carefully the following examples, then practise reading them aloud several times:

1. Calado hasta los huesos.
2. Me adelantó dinero.
3. No estudies para médico.
4. Al vernos ateridos de frío.
5. La señal dice "Prohibido Estacionarse".
6. Se atrasaba la paga.
7. Tuve ocasión de visitar a los García.
8. El viento era glacial.
9. Renunció a tomar las lecciones a su hijo.
10. Había prolongado la estancia.
11. Estudia física y química.
12. Me cuidó solícitamente.
13. Se casaron el quince de abril.
14. Cierto día del mes de agosto.
15. Visité otros muchos pueblos.

(*b*) Give the Spanish for:

1. They all laughed heartily.
2. He had a good sense of humour.
3. They had fled.
4. He went to the garage.
5. It is not Juan but Carlos.
6. He has hurt his shoulder.
7. I approached the house.
8. Like a little bird.
9. After a supreme effort.
10. They obeyed your orders.
11. They were amusing themselves.
12. A photo, taken last year.
13. Sometimes he read a novel.
14. His daughter was tall and fair.
15. In that uncomfortable position.
16. He lit a fire.
17. On the sitting room wall.
18. Without making a sound.
19. Shortly afterwards I arrived home.
20. Instead of talking too much.

(*c*) Give the Spanish for:

1. The cold was icy.
2. He had occasion to visit my uncle.
3. My payments were delayed.
4. No parking here.
5. On seeing me numb with cold.
6. He is studying to be a lawyer.
7. I prolonged my stay by two weeks.
8. They are getting married on Tuesday.
9. They looked after us carefully.
10. Soaked to the skin.
11. On a certain day in October.

12. They advanced me a thousand pesetas.
13. He gave up taking Carlos for lessons.
14. We visited many other friends.
15. I was studying Psychology and Natural History.

3. Revise the Grammar of Chapters 19 and 20 (Rules 9, 63, 74, 120–123, *venir*, *ver*, Rule 126).

(*a*) Study carefully the following examples, then practise reading them aloud several times:

1. Estamos de vacaciones.
2. Es de esperar que no llueva.
3. Entonces éramos amigos.
4. Creyó ver a mi padre.
5. Anita está habladora hoy.
6. Estaba enamorado de Conchita.
7. El traje le está bien.
8. Ella quiere mucho a tus hijos.
9. No es la casa de mis tíos.
10. Me acuesto a las once.
11. Oímos hablar al señor.
12. Estarán de vuelta el domingo.
13. Acompañaba al Presidente.
14. Manuel estaba a sus anchas.
15. Está ahora de obrero.

(*b*) Give the Spanish for:

1. What are we waiting for?
2. Do you know my parents?
3. We could not see her.
4. He began to eat.
5. They were looking for María.
6. They approached the man.
7. He asked me where I was going.
8. They were very poor.
9. Have you seen my elder sister?
10. They are waiting for Señor García.
11. We will wait until he sees us.
12. He had no friends.
13. I fell asleep.
14. My mother is getting very old.
15. They became very rich.

(*c*) Give the Spanish for:

1. He is my best friend.
2. We could not see the girl.
3. Juan heard his wife talking.
4. We were on holiday in Spain.
5. She was reading the paper.
6. Isabel is very fond of her children.
7. The boy is very pale this morning.
8. I shall be back tomorrow.
9. The house is not mine.
10. Can I see the manager?
11. She is in love with Antonio.
12. He is now (working as) an actor.
13. The hat suited her very well.
14. He goes to bed early.
15. It is to be hoped that it won't happen.

4. Revise the Vocabulary of the texts and conversation passages of Chapters 19 and 20.

(*a*) Study carefully the following examples, then practise reading them aloud several times.

1. Me dispuse a seguirlos.
2. No vio rastro de mis amigos.
3. Fue preciso que lo hiciésemos.
4. No vio más que las olas.
5. María opinó que se habría ido a la iglesia.
6. Estaba a unos diez metros de distancia.
7. Se le ocurrió dar una vuelta por la playa.
8. Todo medio de huída había desaparecido.
9. Hacía quince minutos que le aguardaban.
10. A pesar de la obscuridad.
11. No quisieron hacerme caso.
12. Oyeron sonar la sirena.
13. En lo profundo del barco.
14. Mis ojos dejaron de ver la lancha.
15. No he arreglado todavía el equipaje.
16. Estoy un poco mareado.
17. Me voy en el rápido de las nueve.
18. Apoyado en la barandilla.
19. Toca el timbre.
20. Prueba esta manzana.

(*b*) Give the Spanish for:

1. He spoke to us impolitely.
2. There was not one star in the sky.
3. Juan dropped the bottle.
4. The deck was full of sailors.
5. The sea was calm.
6. He shouted with all his strength.
7. He wanted to take leave of his uncle.
8. Enrique sat up slowly.
9. She looked out of the window.
10. Elena was washing the dishes.
11. We could see his sister.
12. His cheeks were moist.
13. The sky was cloudy.
14. They swam to the boat.
15. As time was running short, I could not go.

(*c*) Give the Spanish for:

1. Every means of help had disappeared.
2. In spite of all he says.
3. We hear the bell ringing.
4. We are two kilometres from the station.
5. It occurred to me to go and see her.
6. In the depths of the pond.
7. He took no notice of them.
8. We could see no trace of the children.
9. He could no longer see the coast.
10. He has packed all his luggage.
11. It was necessary for him to say so.
12. John was of the opinion that she was ill.
13. He got ready to cook it.
14. Enrique had been waiting two hours for me.
15. We saw nothing but the rain.
16. She was leaning on the railing.
17. I rang the bell.
18. Try this food. It is very good.
19. He is going on the three o'clock express.
20. He feels a little seasick.

5. General revision of main points Chapters 1 to 15.

1. My head aches.
2. The biggest hotel in the town.
3. What an idea!
4. Juan is a soldier.
5. He is a good actor.
6. He has washed his hands.

7. The water is very cold.
8. Philip became a doctor.
9. Don't put it on the table.
10. We have no money.
11. He took off his hat.
12. From time to time.
13. Perhaps I will see you tomorrow.
14. He asked me to give it to him.
15. He sat down.
16. I must go to bed.
17. Nothing easier.
18. Do you think she is Spanish?
19. It would be better to go.
20. He wants us to pay for it now.
21. We saw him last night.
22. The hotel is closed.
23. The cup was broken.
24. The window is open.
25. It was ten o'clock in the morning.
26. Come in, please.
27. The last time.
28. Everybody will do it.
29. Bigger and bigger.
30. After waiting for an hour.
31. She dresses in black.
32. He has more than fourteen books.
33. I have no more than six.
34. I am sorry she has gone.
35. A dozen eggs.
36. On the fifteenth of December.
37. What is the date?
38. He wanted to give it to me.
39. They showed it to us.
40. The food is for us.
41. He was very thirsty.
42. If I were rich, I would go.
43. He has more money than he knows.
44. We gave it to him.
45. We don't know what to do.
46. Do you like these apples?
47. He did all he could.
48. We ran to him.
49. The man whose house I have bought.
50. Recently arrived.
51. Slowly and quietly.
52. Mother and daughter.
53. María was too tired to come.
54. He does it to help us.
55. Can you play the guitar?
56. Seven or eight.
57. I thanked him for his present.
58. Let us take advantage of the good weather.
59. Tomorrow morning.
60. Last night.

6. *Practice for the oral exam.*

Answer in Spanish the following questions:

1. ¿Ha leído Vd. algunos libros españoles?
2. ¿Quién es su autor favorito? ¿Por qué?
3. ¿Qué prefiere Vd. — el cine o el teatro? ¿Por qué?
4. ¿Qué hace Vd. en casa para ayudar a su madre?
5. ¿Lava Vd. los platos?
6. ¿Tiene Vd. un jardín?
7. ¿Le gusta trabajar en el jardín? ¿Por qué (no)?
8. ¿Qué tiempo hace hoy?
9. ¿Qué tiempo hacía ayer?
10. ¿Qué prefiere Vd. — cuando hace calor o cuando hace frío?
11. ¿Por qué?
12. ¿Ha estado Vd. en España (en el extranjero)?
13. ¿Qué tiempo hacía en España (en el extranjero) durante sus vacaciones?
14. ¿Cuándo fue Vd. a España?
15. ¿Cómo viajó Vd. a España?

16. ¿Le gusta la música?
17. ¿Toca Vd. algún instrumento? ¿Cuál?
18. ¿Toca Vd. en una orquesta?
19. ¿Canta Vd. en un coro?
20. ¿Le gusta la comida española (francesa, en este instituto)?
21. ¿Qué le han dado hoy en casa (en el instituto) para comer?
22. ¿Qué tuvo Vd. anoche para cenar?
23. ¿Qué se ve en esta sala?
24. ¿Le gustan a Vd. las flores?
25. ¿Puede Vd. decirme los nombres de algunas flores?

SUMMARIES FOR REVISION OR PRACTICE IN AURAL COMPREHENSION

THE following summaries may be used for practice in aural comprehension. The Spanish is read aloud twice to the student, who may then answer in Spanish the questions (where given) after the text, or write the story out in his own words, using the summary as a general guide. Alternatively, this form of reproduction exercise may be used as a form of revision as each chapter is finished. The stories should be reproduced in the past tense. The dialogues may be written out in direct or indirect speech.

The student is advised to write the story in the simplest terms, to make his sentences short and clear, to limit his account to approximately 150 words and, above all, to revise very carefully.

PAGE 7. *Visita al cónsul.*

El turista—la criada—el cónsul se llama Don Luis González—un apuro con la policía—una discusión en el café—en la cárcel—el cónsul telefonea al jefe de policía—lo que dice la criada—el cónsul vuelve—el turista está ya sereno—la multa.

PAGE 9. *Conversation practice: Las noches románticas de España*

Las estrellas—la música de guitarras—el folleto—la agencia de viajes—la reja de su novia—la brisa—los turistas vociferando—ruido infernal—motocicletas—un cine al aire libre—una película—un gran cantante italiano—ruido espantoso.

PAGE 13. *En casa de los González*

Paco se alegra de ver a Catalina—Juana va a casarse con Manuel Esteban—hombre gordo—gafas negras—Juana ha heredado una gran fortuna—la orquesta empieza a tocar—un verdadero banquete—la salud de los novios—su primera pelea.

PAGE 19. *Esperando a Conchita*

Pablo—Carlos—Plaza de Colón—salen a mediodía—el policía—la parada del autobús número tres—llegan a la una menos diez—el limpiabotas—cerveza—cuarenta minutos—Pablo vuelve a leer la carta—calle de Colón—lo que dice Conchita.

PAGE 21. *Conversation practice: En el teatro*

Pablo—Conchita—el protagonista—no tiene carácter fuerte—miradas furiosas—el novio—campeón de boxeo—celoso y violento—Pablo quiere salir—apagan las luces.

PAGE 35. *El billete de lotería*

Enrique—obrero muy pobre—compra un billete—lo esconde en un cajón—tres semanas después gana una fortuna—Paquita, loca de alegría—no pueden encontrar el billete—lo buscan por todas partes—lo que pasa al fin.

PAGE 40. *En el autobús*

Joaquín y Pedro—quieren bañarse—el autobús—Las Rocas—muchos pasajeros—la mujer gorda—su cesta grande—dos gallinas blancas—el niño alza la tapa—indecible confusión—Joaquín y Pedro cogen las gallinas—las mujeres furiosas—el niño—los caramelos—la parada de la iglesia.

PAGE 46. *La América Latina*

El imperio español—los primeros exploradores—peligros y reveses—vasta región—riqueza mineral y agrícola—yacimientos petrolíferos—la lana en la región andina—enormes distancias—el transporte aéreo—centros de estudios latino-americanos.

PAGE 49. *Conversation practice: Una visita a Sud-América*

Enrique—el empleado—hacer un viaje—la bahía de Río de Janeiro— Brasilia, capital exótica—las playas de Montevideo—Buenos Aires, hermosa ciudad—atravesar los Andes—clima templado—la costa de Chile—Lima, capital del Perú—¿cuánto costará?—la esposa de Enrique se desmaya.

PAGE 53. *Isabel y los monos*

Isabel—azafata—Nueva York—un avión aterriza—los monos se han escapado—un mono en el tejado—otro mono encima del autobús—el tercer mono sentado en el bar—lo que Isabel oye por el altavoz.

PAGE 58. *Simón Bolívar*

Simón Bolívar—educación liberal—la rebelión contra el gobierno español—la independencia de Venezuela—el terremoto—un ejército español derrota a los rebeldes—Bolívar desterrado—vuelve a Venezuela—quince batallas—entra en Caracas—nuevas tropas españolas—se refugia en Santo Domingo—larga guerra de Independencia—los españoles vencidos—la desilusión de Bolívar.

PAGE 70. *Conversation practice: Un viaje a través de los Andes*

El viajero—el empleado—oficina de una compañía aérea—autobús—más barato—peligroso—caer a un precipicio—los bandidos—los policías—ciento cincuenta dólares.

PAGE 76. *Conversation practice: Un exámen oral*

Profesor—Pablo—estudios de Latín—otras asignaturas—la composición—fundación de la ciudad de Roma—romanos más célebres—traducción latina—dejar en blanco.

PAGE 80. *Conversation practice:*

Un vecino se despierta a la una de la mañana

El vecino, Pedro—su esposa—un ruido—el jardín—Pedro no quiere salir—hombre trepando al árbol—telefonear a la policía—Pedro grita—el ladrón huye—firmeza y valor—las puertas.

PAGE 85. *Conversation practice:*

La llegada de un periodista de "La Nacional"

El periodista—el obrero—los supervivientes—está obstruída la entrada de la mina—explosión—lluvia de piedras—el doctor—hora en que se termina el trabajo—expresión de pésame.

PAGE 90. *Conversation practice: Visita al médico*

El médico—Juan—no puede dormir—la tos—un baño de sol—el termómetro—tiene fiebre la receta la farmacia volver a casa.

PAGE 99. *Conversation practice: Después del accidente*

Enrique llega a casa—Elena, su hermana mayor—el estanque del molino—el hielo no está muy espeso—baño caliente—una copa de coñac—morirse de frío—la ropa mojada.

PAGE 103. *Conversation practice:*

Carlos vuelve a la casa donde vivía de niño

Carlos—Isabel—aparcan en la plazoleta—la callejuela donde Carlos se peleó con Antonio—el huevo podrido—la casa convertida en garaje—vuelven a la plazoleta—el policía habla severamente—el carnet de conducir—su viejo amigo.

PAGE 109. *Conversation practice: Siete días de permiso*

Pepe—vuelve a casa—la pregunta de su padre—los oficiales no han ascendido a Pepe—las últimas maniobras—Juanito está a orillas de un estanque—Pepe le empuja adentro—sorpresa desagradable.

PAGE 114. *Conversation practice: Los tíos de Ignacio*

Ignacio tiene miedo—marearse—Pedro—van al bar—dos copas de coñac—tío Juan—violenta tormenta—casi se ahoga—tío Enrique—viaje de recreo—desastre—tío Ramón—el buque choca con un trasatlántico—tío Felipe—barco mercante—Pedro un poco mareado—va precipitadamente hacia la cubierta.

SUMMARY OF GRAMMAR

Complete Index page 237

1. **The Definite Article** (*el, la, los, las*)

(*a*) *El hombre, los hombres* the man, the men
La mujer, las mujeres the woman, the women

(*b*) Contraction of the definite article; *de* plus *el* becomes *del*, *a* plus *el* becomes *al*:
del hombre of (from) the man
al amigo to the friend

(*c*) *El* is used before a feminine noun beginning with stressed *a* or *ha*:
el agua fría the cold water (plural *las aguas frías*), *el hambre* (f) hunger, *el ave* (f) bird
toda el alma all the soul

But *la* is used if the first syllable is not stressed:
la abuela, la América

(*d*) *Lo*, neuter, used with an adjective, meaning "that which" is dealt with in Rule 16.

2. **Use of the Definite Article**

The definite article is used in Spanish but not in English:

(*a*) Before nouns used in a general sense:
La vida es corta Life is short
Aquí el vino es barato Wine is cheap here
Le gusta el té He likes tea

(*b*) With the names of a few countries and towns:
El Perú, el Canadá, el Brasil, el Ecuador, el Japón, el Uruguay, el Paraguay, la China, la India, la (República) Argentina, la Habana, el Ferrol

(*c*) With parts of the body and articles of clothing where English would use the possessive adjective: (my, your, his, her, their)
Abrió los ojos He opened his eyes
Se quitó el sombrero He took off his hat
Me estrecha la mano He shakes my hand
Le duele la cabeza His head aches
Se ha lavado las manos He has washed his hands
Tiene el pelo negro He has black hair

(*d*) With proper names when used with an adjective or title (except *don, doña, san, santo, santa*):

El señor González, el General Herrera, la América Latina, el pobre Enrique, but *¡Pobre Enrique!*

(*e*) With languages, except after *hablar*:

Aprendemos el francés y el alemán We learn French and German
Note: *Habla español*, but *habla el castellano* He speaks Spanish

(*f*) With an infinitive used as a noun, though the article is often omitted if the infinitive is subject:

(El) leer libros españoles nos ayuda mucho
Reading Spanish books helps us greatly

(*g*) With prices:

Quince pesetas la botella Fifteen pesetas a bottle
Cien pesetas el kilo A hundred pesetas a kilo
Treinta pesetas el litro Thirty pesetas a litre

3. **Omission of the Definite Article**

The Definite Article is omitted:

(*a*) With a noun used in apposition:

Londres, capital de Inglaterra London, the capital of England

But note the construction with the superlative adjective:

Es Felipe, el alumno más inteligente de la clase
It's Philip, the most intelligent boy in the class

(*b*) With *don, doña, señor* used in direct address and the numeral used in the title of a sovereign.

Don Federico, Doña Emilia, Felipe segundo.
Buenos días, señor González Good morning, Mr. González

(*c*) In many expressions with *de*:

Lleno de nostalgia Filled with homesickness
Libre de todo temor Free from all fear
La lección de geografía The Geography lesson

Note also:

Por primera vez For the first time
Está en casa He is at home
Va a casa He goes home
A orillas de — On the banks of —
Está a punto de — He is on the point of —

4. **The Indefinite Article** (*un, una*)

Un hombre a man; but note: *Uno de los hombres* One of the men
Tengo uno I have one
Una estación A station

El coche de un amigo A friend's car
Plural: *unos, unas* some, a few
Unos hombres Some, a few men
Unas casas Some, a few houses

As with *el* in Rule 1c, *un* is sometimes used for *una* before a feminine noun beginning with stressed *a* or *ha*.

Un ala a wing *Un hacha* an axe

5. Omission of the Indefinite Article

The Indefinite Article is omitted:

(*a*) When stating occupation or nationality with words like *ser*, *hacerse* (to become) etc.:

Es médico He is a doctor
Soy arquitecto I am an architect
Se hizo abogado He became a lawyer
Es alemana She is German

But note: *es un buen médico, es un arquitecto moderno, se hizo un abogado célebre.*

(*b*) With a noun in apposition.

Enrique González, hombre de unos cuarenta años
Henry González, a man of about forty

(*c*) Before *otro, cierto, semejante, tal, ciento, mil, qué, sin*

Otro hombre Another man
Cierta casa A certain house
Semejante cosa Such a thing
Tal idea Such an idea
Cien días A hundred days
Mil años A thousand years
¡Qué lástima! What a pity!
Sin casa Without a house

6. Omission of the Partitive Article

(*a*) The Partitive Article (some, any) may be omitted in Spanish, as in English:

Está comprando pan He is buying bread

It is usual to put in *unos, unas* if emphasis is needed or if the noun is described by an adjective.

Está comprando unas joyas muy caras
He is buying some very expensive jewels.

(*b*) The Partitive Article is usually omitted after a negative.

No tiene pan He has no (not any) bread

NOUNS

7. **Gender of Nouns**

Nouns should always be learnt with the definite article.

(*a*) Masculine nouns

The names of male beings, rivers, trees, mountains, oceans, winds, points of the compass, months and days are masculine.

Male beings *El capitán*, the captain
Rivers *El Támesis*, the Thames
Trees *El manzano*, the apple tree
Mountains *Los Pirineos, los Andes*
Oceans *El Atlántico*
Winds *El viento del oeste, el poniente*, the West Wind
Points of the compass *El norte, el sur, el oeste, el este*
Months *Enero, febrero*, etc.
Days *El domingo*, Sunday

(*b*) Nouns with the following endings are, with few exceptions, masculine:

-o but not *la mano*, hand; *la radio*.
-e but not *la calle*, street; *la gente*, people; *el hambre*, hunger; *la carne*, meat; *la clase*, class; *la fuente*, pool, dish, fountain; *el ave*, bird (§1*c*).
-i but not *la metrópoli*, metropolis.
-l but not *la cárcel*, prison; *la miel*, honey; *la piel*, skin.
-r but not *la flor*, flower.
-s but not *la tos*, cough.
-u but not *la tribu*, tribe.
-y but not *la ley*, law; *la grey*, flock.

(*c*) Verbal nouns are also masculine:

El saber, knowledge *El fumar*, smoking.

(*d*) Feminine Nouns

Nouns with the following endings are, with few exceptions, feminine:

-a but not *el día*, day; *el tranvía*, tram; and some nouns ending in *-ma, -pa,- ta*, e.g. *el poema*, poem; *el clima*, climate; *el drama*.
-z but not *el lápiz*; pencil; *el arroz*, rice; *el matiz*, shade, hue.
-d but not *el ataúd*, coffin; *el césped*, lawn; *el huésped*, guest, lodger.
-umbre
-ión but not *el avión*, aircraft; *el camión*, lorry; *el gorrión*, sparrow.

(*e*) *Mar* can be masculine or feminine.

El mar Mediterráneo

but it is feminine in a few expressions like:

hacerse a la mar to put out to sea
en alta mar on the high seas

8. **Plural of Nouns**

(*a*) If a noun ends in an unstressed vowel, add *-s*:

el año, los años *la aldea, las aldeas* *el agua, las aguas*
el pie, los pies *la calle, las calles*

(*b*) If a noun ends in a consonant or a stressed vowel, add *-es*:

la flor, las flores *el inglés, los ingleses.*

Nouns ending in *-ión*, drop the accent in the plural:

la estación, las estaciones

(*c*) If a noun ends in *-z*, change *-z* to *-ces*:

la luz, las luces
la voz, las voces
la vez, las veces

(*d*) The following plural nouns should be noted:

los padres the parents
los tíos the uncle and aunt
los hijos the children
los señores de Contreras Mr. and Mrs. Contreras
Los González the González family (also *la familia González*)

9. **Personal** *a*

(*a*) When a Spanish verb is followed by a definite personal object, the preposition *a* is placed before that personal object.

Hemos visto a su hermano We have seen your brother
Acompaña al hombre He accompanies the man
¿Conoce Vd. a Juan? Do you know Juan?
Queremos mucho a tu madre We like your mother very much

(*b*) Personal *a* is usually omitted after *tener*.

Tienen muchos amigos They have many friends
Tengo tres hermanas I have three sisters

(*c*) Personal *a* may also be used with an animal.

He tenido que traer a mi perro I have had to bring my dog

(*d*) Personal *a* is omitted after *hay* or if the personal object is general or indefinite.

Hay un policía en la calle There is a policeman in the street
Mi hermana quiere los niños
My sister loves children (children in general)

But:

Mi hermana quiere a los niños de la señora Martínez
My sister loves the children of Señora Martínez (definite children)

ADJECTIVES

10. **Feminine of Adjectives**

(*a*) *-o* changes to *-a*: blanco, blanca

(*b*) *-or*, *-án*, *-ón*, *-ín* become *-ora*, *-ana*, *-ona*, *-ina*.

Una mujer habladora a talkative woman
Su hermana es holgazana his sister is lazy
Mi esposa es muy observadora my wife is very observant

Mejor, peor, mayor, menor do not change.

La comida es mejor en este hotel The food is better in this hotel
Esta casa es peor que la de Juan This house is worse than Juan's

(*c*) Adjectives of nationality and locality add *-a*.

Mi esposa española My Spanish wife
La cerveza inglesa English beer
Una madrileña A woman from Madrid

(*d*) Other adjectives do not change.
La chica es muy inteligente.

11. **Plural of Adjectives**

Add *-s* to a vowel and *-es* to a consonant:
blanco, blancos *fácil, fáciles*

Change *-z* to *-ces*: *feliz, felices.*

12. **Agreement of Adjectives**

(*a*) An adjective agrees in gender and number with the noun it describes.

Las calles estrechas The narrow streets

(*b*) If the adjective describes two singular nouns, it is put in the plural.

El padre y el hijo son ricos The father and son are rich
Mi hermana y su amiga son muy hermosas
My sister and her friend are very beautiful

An adjective describing a masculine and feminine noun is usually in the masculine plural.

La madre y el niño estaban cansados The mother and child were tired

13. **Position of Adjectives**

(*a*) Adjectives used for definition or emphasis follow the noun.

La calle estrecha the narrow street
El barrio comercial the business quarter
Una barba negra a black beard

(*b*) Though the adjective usually **follows** the noun, its position is, in practice, a flexible matter. If a Spanish writer wishes to emphasize the adjective, as would be the case in clearly defining adjectives such as colour, size, nationality or shape, or if the adjective is described by a long adverb, he will put it **after** the noun.

El perro blanco, la costumbre española, turistas norteamericanos, un regalo magnífico.

If, on the other hand, the adjective is largely used as an ornament, it will go **before** the noun, thereby losing much of its force.

Las hermosas flores, una extraordinaria situación, su valerosa acción.

Likewise, if the adjective merely states what is already inherent in the noun and does not add much to its meaning, it precedes.

Un enorme toro (all bulls tend to look enormous, especially to the nervous!)
El terrible desastre (all disasters are terrible)

When two adjectives describe the same noun, the same principles apply.

Un enorme toro negro An enormous black bull

When reading Spanish texts, students should make a careful note of the position of adjectives. It is important to try to reason out why a Spanish author has chosen to put a particular adjective before or after a noun, as it is only by careful observation that these principles can be fully understood.

(*c*) Some adjectives differ in meaning according to position:

un gran hombre a great (famous) man
un hombre grande a large man
un nuevo libro a new (different) book
un libro nuevo a (brand) new book
la misma casa the same house
la casa misma the house itself
la pobre chica the poor (unfortunate) girl
el hombre pobre the poor (penniless) man
varios coches several cars
coches varios different cars

(*d*) Two adjectives of equal importance describing a noun usually follow and are linked with *y*, and.

El hombre pálido y melancólico, el viajero gordo y viejo.

(*e*) The following form emphasizes the adjective:

el pobre de mi marido my unfortunate husband (*mi pobre marido*)
el débil de don José the feeble Don José

(*f*) A noun, preceded by *de*, can be used adjectivally.
La casa de piedra the stone house

14. Apocopation (Shortening) of Adjectives

(*a*) The following adjectives drop the final *-o* before a masculine singular noun:

uno, bueno, malo, primero, tercero, postrero, alguno, ninguno
un amigo, **but note** *uno de mis amigos*
un buen libro, **but note** *un libro bueno*
el primer hijo
el tercer día
algún episodio
ningún animal

(*b*) *Grande* is usually shortened to *gran* before a masculine **or** feminine noun.

Un gran hombre, una gran casa.

(*c*) *Santo* is shortened to *san* before a proper noun, but not before *Tomás, Tomé, Domingo, Toribio.*

San Marcos, San Mateo, Saint Mark, Saint Matthew **but** *Santo Tomás.*

(*d*) *Ciento* is shortened to *cien* before a noun:
Cien casas. Likewise before *mil*:
cien mil a hundred thousand

15. **Comparison of Adjectives**

(*a*) *grande*, big *más grande*, bigger *el* (*la*) *más grande*, biggest

Esta casa es la más hermosa de la ciudad
This house is the most beautiful one in the city

"In" after a superlative is *de.*
If the superlative immediately follows the noun, the article is dropped.

La casa más hermosa de la ciudad.

(*b*) The absolute superlative ("very, most") is expressed by *muy* with the adjective or by adding *-ísimo* to the stem.

Muy útil or *utilísimo.*

When *-ísimo* is added to the stem, it is sometimes necessary to change the spelling to keep the same sound.

rico, riquísimo, feliz, felicísimo, largo, larguísimo

"Most" with a noun is *la mayoría de* or *los* (*las*) *más.*

La mayoría de los niños trabajan mucho Most of the children work hard
Los más hombres Most men

(*c*) Note the double comparative with *cada vez más.*

Cada vez más grande bigger and bigger
Cada vez más triste sadder and sadder

(*d*) Irregular comparisons:

bueno, mejor, el (la) mejor.
malo, peor, el (la) peor.

Grande and *pequeño* have regular and irregular comparisons:

grande, mayor, el (la) mayor, older (bigger), oldest.
grande, más grande, el (la) más grande, bigger, biggest.
pequeño, menor, el (la)menor, younger, (smaller) youngest.
pequeño, más pequeño, el (la) más pequeño, smaller, smallest.
La mejor cosa the best thing
La hermana mayor (menor) the older (younger) sister

(*e*) "Than" is translated by *que*:

Es más viejo que mi hermano He is older than my brother

Más or *menos* use *de* before a numeral or an expression of quantity.

Más de cien pesetas More than a hundred pesetas
Menos de quince Less than fifteen

But *que* is used after a negative:

No tiene más que cien pesetas.

(*f*) "Than" followed by a **clause** is translated by "than that which" (*del que, de la que*) or "than those which" (*de los que, de las que*) if the comparison is made with the **noun** in the main clause, and by *de lo que* if the comparison is made with the **idea** in the main clause.

Tiene menos libros de los que tenía el año pasado

He has fewer books than (the ones) he had last year

Es más pobre de lo que piensa He is poorer than he thinks

(*g*) "Too . . . to" is *demasiado* (or *muy*) . . . *para*

Está demasiado (muy) cansado para venir He is too tired to come.

(*h*) Note also: *tan* (with adjective) . . . *como, tanto* (with noun) . . . *como*

No es tan feliz como mi tío He is not so happy as my uncle
No tiene tantos libros como yo
He has not so (as) many books as I (have)

(*i*) *Más* and *tan* are sometimes used with an adjective to add emphasis. They are not translated into English.

¡Qué idea más cómica! ¡Qué chica tan hermosa!

16. *Lo* used with the Adjective, Pronoun or Past Participle with the meaning of "what", "that which":

Lo Eterno The Eternal
Lo mío y lo tuyo What (that which) is mine and yours
Lo mío mío, y lo tuyo, de entrambos. What is mine is mine, what is yours belongs to both of us.
Lo hecho, hecho What has been done, has been done

Note also:

¡Vd. no sabe lo frío que es! You don't know how cold it is!
No sabíamos lo hermosa que era su hermana
We did not know how beautiful your sister was

17. **Interrogative Adjectives and Pronouns**

The accent is always needed.

(*a*) *¿Qué?* Which? What? (What a!)
¿Qué libro? Which book?
¿Qué hace su padre? What does your father do?
¿Qué tiene Vd? What is the matter with you?
No sabe qué decir He doesn't know what to say
¡Qué idea! What an idea!

(*b*) *¿Quién? ¿Quiénes?* Who?
¿Quién está allá? Who is there?
¿De quién es este vaso? Whose is this glass?
¿Quiénes son? Who are they?

(*c*) *¿Cuál? ¿Cuáles?* Which? (when followed by of)
¿Cuál de las dos casas? Which of the two houses?

(*d*) *¿Cuánto, -a, -os, -as?* How much, how many?
¿Cuánto es? How much is it?
¿Cuántas hermanas tiene Vd? How many sisters have you?

18. **Possessive Adjectives and Pronouns**

(*a*) *mi, mis* my
tu, tus your (familiar)
su, sus his, her, its, your (formal), their
nuestro, -a, -os, -as our
vuestro, -a, -os, -as your (familiar)
Mi padre my father
Nuestra casa our house
Tus hermanas your sisters

As *su, sus* means "his, her, your, their," one may add *de él, de ella, de Vd(s) de ellos, de ellas,* if the context does not make the meaning clear.

Su libro de Vd(s) Your book
Su traje de él His suit

(*b*) Possessive adjectives also have a longer form:

mío, -a, -os, -as
tuyo, -a, -os, -as
suyo, -a, -os, -as
nuestro, -a, -os-, -as
vuestro, -a, -os, -as

This form often corresponds to the English form "of mine, of yours", etc. It is placed after the noun.

Un amigo mío A friend of mine
Muy señor mío Dear Sir (in business letters)
Muy señores nuestros Dear Sirs

(*c*) The possessive pronouns are the same as the longer form of the possessive adjectives. They are used with the definite article. The pronoun agrees with the noun to which it refers and not with the possessor.

Mi madre y la suya My mother and his
Sus amigos y los nuestros Your friends and ours
Tu casa y la mía Your house and mine

The article is usually omitted with *ser*.

Las naranjas son mías The oranges are mine
¿De quién es? Es mío Whose is it? It is mine

However, the article may be used with *ser* for emphasis.

¿Es tuyo este coche? No, ése es el mío, éste es de Juan
Is this car yours? No, that one is mine, this one is John's

(*d*) As *el suyo*, etc., can mean "his, hers, its, yours, theirs", the following forms are sometimes used to avoid ambiguity:

el (*la*, *los*, *las*) *de él* his
el (*la*, *los*, *las*) *de ella* hers (*de Vd.*(*s*) yours; *de ellos*, *de ellas*, theirs)
Mi madre y la de Vd.(*s*) My mother and yours
Nuestras casas y las de él Our houses and his

19. **Indefinite Adjectives and Pronouns**

Alguien, someone, anybody, anyone
¿Hay alguien en la calle? Is there someone (anyone) in the street?
Nadie, nobody
No hay nadie en la calle There is no one in the street
Algo, something
¿Ha encontrado Vd. algo? Have you found something?

Algo with an adjective means somewhat, rather.

Es algo pequeño It is rather (somewhat) small
Cada, each, every. *Cada hombre, cada mujer.*
Cada uno, *-a*, each one. *Cada una de las hijas.*

Uno is sometimes used impersonally with the meaning of "one, you".

Cuando uno llega al hotel When one arrives at the hotel
Alguno, *-a*, *-os*, *-as*, some, a few, any
Algunos perros a few dogs
¿Tienes vino? Sí, tengo algo Have you any wine? Yes, I have some
Ninguno, *-a*, *-os*, *-as*, none, not any
No hay ningunas barcas There are no boats
Mucho, *-a*, *-os*, *-as*, much, many
Poco, *-a*, *-os*, *-as*, a few, little
Pocos hombres Few men *Poca carne* Little meat
Un poco de a little *Un poco de pan* a little bread
Unas (*pocas*) *casas* A few houses

Note also the adverb: *Come poco* He eats little

Todo, -a, -os, -as, all, every, whole
Toda la noche all night
Todo el mundo everybody (*El mundo entero*, the whole world)
Toda la casa The whole house
Todos los años Every year
Todo lo demás Everything else
Otro, -a, -os, -as, Another, other
Los otros clientes the other customers

Do not add the indefinite article to *otro*.

¿Tiene Vd. otro? Have you another?
Otro día Another day
Mismo, -a, -os, -as, same, self, very, even
La misma chica the same girl
él mismo himself
Sus mismas acciones His (own) very actions
Lo mismo da It is all the same, it doesn't matter
Propio, -a, -os, -as, self, own, very, sometimes replaces *mismo*
Sus propias acciones His (own) very actions
Mucho, -a, -os, -as, much, many, a lot of
Mucho pan much bread
Muchos hombres many men
Muchísimo very much
Los demás the rest, others
¿Dónde están los demás? Where are the rest (others)?
Los demás días The remaining days
Cualquiera (plural *cualesquiera*), any (one) whatever
Cualquier detalle any detail
Cualquiera de estas calles any one of these streets

Alguien, nadie, algo and *cada* are invariable. The other indefinite adjectives and pronouns agree in gender and number.

20. **Demonstrative Adjectives and Pronouns**

(*a*) Adjectives

Este, esta, this *estos, estas,* these
Este hombre, esta ciudad, estos libros, estas cosas
Ese, esa, that *esos, esas,* those
¿Puede Vd. ver esa casa? Can you see that house?
Aquel, aquella, that (more remote) *aquellos, aquellas,* those
Aquel hombre que encontramos el año pasado That man we met last year
¿Ve Vd. aquellas montañas? Can (do) you see those mountains?

(*b*) Pronouns

These are the same as the demonstrative adjectives, except that they bear the written accent. The Pronoun agrees in gender and number with the noun to which it refers.

Este hombre y ése This man and that one
Esa casa y ésta That house and this one

Note: *aquél*, *aquélla*, etc., the former; *éste*, *ésta*, etc., the latter.

(*c*) Neuter forms

Esto, this *eso*, *aquello*, that

The neuter forms have no accent. They refer to an idea or something previously mentioned, but not to a specific noun.

¿Qué es esto? What is this?
¿No vieron aquello? Didn't they see that?
¡Eso es! That's it!

(*d*) *El*, *la*, *los*, *las* are used before *de* or *que* to mean "he who, those who, the one which, that of", etc.:

Mi coche y el de Juan My car and John's
Esta casa y la de mi tío This house and my uncle's
El que (or *quien*) *trabaja mucho . . .* He who works hard . . .
Los que vemos The ones we see
Este vino es el que le gustará This wine is the one you will like

PRONOUNS

21. Subject and Object Pronouns

(*a*) Subject	Direct and Indirect Object ("to").
Yo, I	*me*, me, to me
tú, you	*te*, you, to you (familiar)
él, he, it (masc.)	*le*, *lo*, him, it; *le*, to him, to it
ella, she, it (fem.)	*la*, her, it; *le*, to her, to it
Vd. (*Usted*), you	*le* (*lo*), *la*, you; *le*, to you (formal)
ello (neuter), it	*lo*, it, *le*, to it
nosotros, *-as*, we	*nos*, us, to us
vosotros, *-as*, you	*os*, you, to you (familiar)
ellos, they (masc.)	*los*, them; *les*, to them
ellas, they (fem.)	*las*, them; *les*, to them
Vds. (*Ustedes*) you	*los*, you; *les*, to you (formal)

(*b*) Subject pronouns are usually omitted.

Van, they go *hablo*, I speak *cree*, he believes *es fácil*, it is easy

But they may be used for emphasis or to avoid ambiguity.

El come mientras ella habla He eats while she talks

(*c*) Translation of "you"

Tú (plural *vosotros*) is a familiar form used with children, members of one's family, close friends, in prayers and when addressing an animal.

Usted (plural *Ustedes*) is used when speaking to an adult Spaniard, unless he is a close personal friend. *Usted(es)* is usually written *Vd(s).*, though *V*, *U*, *Ud(s)* are occasionally seen. *Usted(es)* takes the third person of the verb and corresponding possessives and object pronouns.

(*d*) *La* (rather than *le*) is generally used to translate "her".

La queremos We like her

(*e*) Note also:

Ya lo creo I think so
Lo siento mucho I am very sorry, but *siento mucho que* I am very sorry that . . .
Me lo dijo He told me
¿Es bonita? Lo es Is she pretty? She is

22. **Position of Object Pronouns**

(*a*) Object pronouns usually precede the verb.

Nos ven they see us *Me quiere* he likes me
Nos da el billete he gives us the ticket
No me lo dé Vd. don't give it to me

They go after the verb with the Positive Imperative: *Démelo* Give it to me; but in the Negative Imperative, the pronouns precede the verb.

No me lo dé Vd.

With the Present Infinitive and the Gerund, the pronoun may go before or after the verb.

Me van a ver or *van a verme* They are going to see me
Lo está comprando or *está comprándolo* (Note the accent) He is buying it

(*b*) When two object pronouns come together, the indirect object ("to") comes first.

Me lo da He gives it to me
Nos lo enseña He shows it to us

(*c*) When two *third* persons pronouns come together, the first changes to *se*.

Se lo da He gives it to him (to her, to them, to you)
Se lo enseña He shows it to him (to her, to them, to you)

To avoid ambiguity or to add emphasis, *a él, a Vd., a ella, a ellos, a ellas* may be added.

Se lo da a él He gives it to him
Se lo enseña a ella He shows it to her

(*d*) One occasionally finds the object pronoun put after the verb, e.g. *hablóme*, he spoke to me, instead of *me habló*, but this form is not usual and should be avoided.

23. The corresponding object pronoun, which is not translated into English, is often used when a person is indirect object of a verb.

Le ha dado el paquete al hombre He has given the parcel to the man
Les prestará cien pesetas a mis amigos
He will lend 100 pesetas to my friends
Le gusta a mi hermano este vino My brother likes this wine

24. Likewise, as the definite article is used instead of the possessive adjective with parts of the body and articles of clothing, the dative personal pronoun is often used to indicate the possessor.

Me duele la cabeza My head aches
Se quita los zapatos He takes off his shoes

25. When the object is put before the verb, the corresponding object pronoun must be used.

Estas cosas me las dijo Juan cuando vine
John told me these things when I came

26. **Disjunctive Personal Pronouns** (Pronouns used with Prepositions)

(*a*) These are the same in form as the subject pronouns, except for:

mí, me *ti*, you (familiar) *sí*, himself, herself, itself (reflexive)
para mí, for me *con él*, with him *para nosotros*, for us
sin ti, without you *de ellos*, from them *con Vds.*, with you

Mí and *sí* have accents to distinguish them from *mi*, my and *si*, if

(*b*) Note the special forms:

conmigo, with me *contigo*, with you *consigo*, with him, her, it

(*c*) *Sí*, reflexive, refers to the subject

Lo hace para sí he does it for himself
but *lo hace para él* he does it for him (someone else)

(*d*) *Entre*, between, takes the subject pronoun.

Entre Vd. y yo Between you and me

(*e*) *Mismo* is sometimes added for emphasis.

El mismo, he himself *ella misma*, she herself

(*f*) *A mí, a ti*, etc., are sometimes used for emphasis.

Me gusta a mí el vino I like the wine, or more emphatic: *A mí me gusta el vino*

(*g*) Disjunctive pronouns are used with verbs of motion.

Fui a él I went to him
Vino a mí He came to me

(*h*) *Ello*, neuter disjunctive pronoun, refers to some idea already mentioned or understood. It also means "the fact is that".

Nunca pienso en ello I never think of it
Ello es que estaba enfermo The fact is that he was ill

27. **Relative Pronouns**

(*a*) *Que*: who, whom, which, that.

El hombre que habla español The man who speaks Spanish
El hombre que Vd. ve The man (whom) you see
El tren que llega a las diez The train which (subject) arrives at 10 o'clock
El libro que Vd. ha comprado The book which (object) you have bought

Relative pronouns are not omitted in modern Spanish.

(*b*) *Quien*(*es*) refers to persons only.

La chica a quien veo The girl (whom) I see (note personal *a*)

However, Spaniards usually prefer *que* in this case: *la chica que veo*

(*c*) *El cual, la cual, los cuales, las cuales*, or *el que, la que, los que, las que* are sometimes used as a more emphatic form of whom, which, that. *Que, quien* and *el cual* are interchangeable in non-defining clauses.

La hermana de mi amigo, que (or *quien* or *la cual*) . . .
My friend's sister who . . . (who refers to sister)

The meaning of *que* is determined by the presence or absence of the comma. Compare:

La hermana de mi amigo que . . .
The sister of my friend who . . . (who refers to friend)

(*d*) *El* (*la*) *que, los* (*las*) *que* also mean "he (she) who, the one who (which), those who (which)". When they refer to a person, *quien*(*es*) may be substituted.

Quien (*El que*) *trabaja mucho es feliz* He who works hard is happy
Mi barca y la que está en la playa
My boat and the one which is on the beach

(*e*) Which, used with prepositions, is *el* (*la*) *cual*, etc.:

La compañía para la cual trabaja The firm for which he works
La estación, en frente de la cual (or *la que*). . .
The station in front of which . . .

But *que* is used for *which* with *en, de*, or *con*.

La casa en que (*donde*) *vivimos* The house in which (where) we live
El país de que hablamos The country about which we are talking
Las cosas con que trabaja The things with which he works

(*f*) Whose, *cuyo, -a, -os, -as*, being an adjective, agrees with the noun which it qualifies.

El hombre cuya hija (*cuyos amigos*) . . .
The man whose daughter (whose friends) . . .
¿De quién? is used when *whose?* is subject.
¿De quién es éste perro? Whose is this dog?

(*g*) All (those) who (which) is *todos los que, todas las que* or *cuantos, -as*.

Todos los que (*Cuantos*) *hacen eso son muy prudentes*
All (those) who do that are very wise

Cuanto, -a also means all that which (*todo lo que*).

Hace cuanto (*todo lo que*) *puede* He does all he can

(*h*) *Lo que, lo cual,* what, that which

No comprende lo que dice He does not understand what he says

Lo que, lo cual can also refer to an action.

Fumaba en el dormitorio, lo cual (*lo que*) *enojaba siempre a mi madre*
He smoked in the bedroom, which always annoyed my mother

ADVERBS

28. **Formation**

(*a*) Add *-mente* to the feminine adjective.

Rápidamente furiosamente seguramente lentamente tristemente cortésmente

(*b*) Sometimes an adjective is used as an adverb. In this case, the adjective agrees with the subject.

Esperaban impacientes They were waiting impatiently
La madre habló severa a sus niños
The mother spoke severely to her children
Vivieron muy felices They lived very happily

But *con impaciencia, severamente* or *felizmente* would do as well.

(*c*) Adverbial expressions can also be formed with *con*:

con impaciencia con sorpresa

(*d*) Some adverbs do not end in *-mente.*

Bien, well *mal*, badly *de prisa, a prisa*, quickly *mucho*, much *poco*, little *sólo*, only *despacio*, slowly *atrás*, behind *después*, afterwards.

(*e*) When two adverbs in *-mente* are joined by *y*, the first adverb drops the ending *-mente*:

lenta y tristemente slowly and sadly

(*f*) *Recientemente* is shortened to *recién* before a past participle:

recién llegado recently arrived

Solamente is often written *sólo.*

29. **Position of Adverbs**

(*a*) An adverb is placed as near as possible to the word it modifies.

Me gustan muchísimo las naranjas I like oranges very much

Compare: *Ayer decidió hacerlo* and *Decidió hacerlo ayer.*

(*b*) The adverb is never placed between *haber* and the past participle:

He comido bien Ha hablado mucho.

(*c*) An adverb may precede the verb for emphasis.

Siempre me trae un regalo He always brings me a present

30. Comparison of Adverbs

(*a*) *Lentamente*, slow *más lentamente*, slower, slowest.

Lo is used with the superlative when the word *posible* follows.
Tarde, late; *más tarde*, later; *lo más tarde posible*, as late as possible.

(*b*) To form the absolute superlative, add *muy*:

muy lentamente very slowly

Occasionally the form in *-ísimo* is found.

Muchísimo, very much *Tempranísimo*, very early

(*c*) The following forms are irregular. *Lo* may be added when *posible* follows.

Bien, well *mejor*, better, best
Mal, badly *peor*, worse, worst
Mucho, much *más*, more, most
Poco, little *menos*, less, least

(*d*) The more . . . the more *Cuanto más . . .* (*tanto*) *más*
The less . . . the less. *Cuanto menos . . .* (*tanto*) *menos*

Cuanto más trabaja, (*tanto*) *más quiere trabajar.*
The more he works, the more he wants to work.

Note: *Menos . . .que*

Tan . . . como

Corre menos rápidamente que mi hermano.
Or: *No corre tan rápidamente como mi hermano.*

NUMBERS

31. Cardinal Numbers

1 *un, uno, una*
2 *dos*
3 *tres*
4 *cuatro*
5 *cinco*
6 *seis*
7 *siete*
8 *ocho*
9 *nueve*
10 *diez*
11 *once*
12 *doce*
13 *trece*
14 *catorce*
15 *quince*
16 *diez y seis* or *dieciséis*
17 *diez y siete* or *diecisiete*
18 *diez y ocho* or *dieciocho*
19 *diez y nueve* or *diecinueve*
20 *veinte*
21 *veintiuno, -a*
22 *veintidós*

23	*veintitrés*	50	*cincuenta*	200	*doscientos, -as*
24	*veinticuatro*	60	*sesenta*	500	*quinientos, -as*
25	*veinticinco*	70	*setenta*	700	*setecientos, -as*
26	*veintiséis*, etc.	80	*ochenta*	900	*novecientos, -as*
30	*treinta*	90	*noventa*	1000	*mil*
31	*treinta y uno*	100	*ciento (cien)*	2000	*dos mil*
32	*treinta y dos*	101	*ciento uno (-a)*	100,000	*cien mil*
33	*treinta y tres*, etc.	102	*ciento dos*, etc.	1,000,000	*un millón*
40	*cuarenta*	120	*ciento veinte*	2,000,000	*dos millones*

The following points should be noted:

(*a*) The accents on *veintidós, veintitrés, veintiséis.*

(*b*) Very occasionally one finds 21 to 29 written *veinte y uno, veinte y dos*, etc.

(*c*) *Y* comes between tens and units: 365, *trescientos sesenta y cinco.*

(*d*) 21 books, *veintiún libros* 21 houses, *veintiuna casas.*

(*e*) No article is used with *cien* and *mil. Cien veces*, a hundred times; *mil hombres*, a thousand men. *Mil* occurs in the plural in *miles de*, thousands of, and *muchos miles*, many thousands.

(*f*) 500, 700 and 900 are irregular.

32. **Ordinal Numbers**

(*a*)

1st *primero*	8th *octavo*
2nd *segundo*	9th *noveno*
3rd *tercero*	10th *décimo*
4th *cuarto*	20th *vigésimo*
5th *quinto*	100th *centésimo*
6th *sexto*	last *último, postrero*
7th *séptimo*	

Ordinals, apart from *vigésimo* and *centésimo*, are rarely used for numbers over ten. They agree with the noun they qualify.

La tercera botella The third bottle
La octava calle The eighth street
El siglo diecinueve The nineteenth century
El hombre cuarenta y dos The forty-second man

(*b*) As stated in Rule 14a, *primero* and *tercero* drop the final *o* before a masculine singular noun.

El primer vaso The first glass
El tercer viajero The third traveller

(*c*) Ordinals are used with the names of kings up to ten (except *Alfonzo diez*), after which the cardinal numbers are generally used.

Felipe segundo Philip II
Enrique octavo Henry VIII
Luis catorce Louis XIV

33. **Collectives**

Ciento and *mil* can be used as nouns. In a collective sense, they may be replaced by *centenares* and *millares*. Collectives use *de* with a noun.

Centenares (cientos) de hombres Hundreds of men
Millares (miles) de soldados Thousands of soldiers

Note also:

Una docena de estos huevos A dozen of these eggs
Un millón de habitantes A million inhabitants
Una veintena de botellas A score of bottles
Un par de guantes A pair of gloves
Una gruesa de clavos A gross of nails

34. **Time of the Day**

(*a*) *¿Qué hora es?* What time is it?

Es la una It is one o'clock
Son las tres It is three o'clock
Son las cuatro de la tarde (mañana)
It is four o'clock in the afternoon (morning)
Son las cuatro y media It is half past four
Son las cinco menos diez It is ten to five
Son las seis y cuarto It is quarter past six
Son las siete y veinte It is twenty past seven

In these expressions, the article *la*, *las* agrees with *hora(s)* understood.

A mediodía At midday
A medianoche At midnight
Son las dos en punto It is exactly two o'clock
A las tres y pico Just after three o'clock
A eso de las ocho At about eight o'clock
Hoy a las nueve Today at nine
Media hora Half an hour
Un cuarto de hora A quarter of an hour
El tren trae media hora de retraso The train is half an hour late
Están dando (dan) las diez It is striking ten o'clock
Al amanecer At dawn
Al caer de la tarde At dusk
Al caer de la noche, al anochecer At nightfall

(*b*) Translation of the word "time"

La hora, time of the day Lunch time, *la hora de comer*
La vez, time, occasion *La primera (última) vez*, the first (last) time
Un rato, a time, while *Hace un rato*, a short time (while) ago

De vez en cuando, from time to time
A veces, algunas veces, sometimes, at times
Muchas veces, often
Pocas (raras) veces, seldom

Otherwise *el tiempo* is used:

Hace mucho tiempo a long time ago

35. **Days of the week** (*los días de la semana*) **and months of the year** (*los meses del año*)

These are masculine and written with a small letter:

lunes Monday
martes Tuesday
miércoles Wednesday
jueves Thursday
viernes Friday
sábado Saturday
domingo Sunday

enero January
febrero February
marzo March
abril April
mayo May
junio June
julio July
agosto August
se(p)tiembre September
octubre October
noviembre November
diciembre December

Era en (el mes de) enero it was in (the month of) January
Es a principios (fines) de agosto it is at the beginning (end) of August
El sábado que viene, el sábado próximo next Saturday
Vendrá el martes he will come on Tuesday
El miércoles pasado last Wednesday
La mañana del lunes, el lunes por la mañana (on) Monday morning
La tarde del sábado, el sábado por la tarde (on) Saturday afternoon
De hoy en ocho días this day week
Mañana por la mañana (tarde, noche) tomorrow morning (afternoon or evening, night)
Ayer por la mañana (tarde) yesterday morning (afternoon or evening)
Anoche last night
Hace tres días three days ago
Muchos años ha many years ago
Pasado mañana the day after tomorrow
Anteayer the day before yesterday
Hoy día, hoy en día nowadays
El año pasado last year
El lunes pasado last Monday
A los diez días ten days later
Ocho días ha a week ago
Dentro de quince días within a fortnight
Al día siguiente the next day

36. Dates

The ordinal number is used for the first day of the month only. The word "on" is omitted.

El primero de agosto (on) the first of August
El dos de enero (on) the second of January
¿A cuántos estamos? What is the date?
Estamos a veintidós de mayo it is the 22nd of May
En el año (de) mil cuatrocientos noventa y dos in the year 1492
El martes veintitrés de abril (on) Tuesday 23rd April
El día catorce (on) the 14th

37. The Seasons (*Las estaciones del año*)

La primavera Spring
El verano Summer
El otoño Autumn
El invierno Winter
Un día de primavera a spring day
Una tarde de verano a summer afternoon (or evening)
Una noche de invierno a winter night
Nueve meses de invierno, tres de infierno Nine months of winter, three of hell
(Proverb describing the climate of Castile.)

38. Age

Tener is used to express age.

María tiene veintiún años Mary is 21 (years old)
¿Cuántos años (¿Qué edad) tiene Vd? How old are you?
Tiene tres años más que yo He is three years older than I

39. Dimensions

Esta sala tiene cinco metros de ancho (de anchura)
This room is five metres wide
Mi dormitorio tiene tres metros de alto (de altura)
My bedroom is three metres high
Tiene diez metros de largo (de longitud) It is ten metres long

40. Distance

¿Cuánto (¿Qué distancia) hay de aquí a la aldea?
How far is it from here to the village?
Hay dos kilómetros It's two kilometres

Note how *a* is used:

Su finca está a catorce kilómetros de la ciudad
His farm is fourteen kilometres from the city
Vivimos a unos tres kilómetros del mar
We live about three kilometres from the sea
La casa está (se halla) a corta distancia de la estación
The house is a short distance from the station

41. **Fractions**

Half: *la mitad* (noun), *medio, -a* (adjective)

La mitad de su fortuna half his fortune
Media hora después half an hour later
Un tercio, una tercera parte a third
Un cuarto, una cuarta parte a quarter

The adverb, *medio*, is invariable.

La botella estaba medio vacía The bottle was half empty

PREPOSITIONS

42. *Por* and *para*

Both these words mean "for".

(*a*) *Por* also means:

through: *miró por la ventana* he looked through the window
along: *por la calle* along the street
by: *sin ser visto por el policía* without being seen by the policeman

estropeado por el agua del mar ruined by sea water
por avión by air
día por día day by day

(*b*) *Por* translates "for" in the following cases:

in **exchange** for:

Compró una docena por ciento cincuenta pesetas
He bought a dozen for 150 pesetas

on **account** of, **because** of:

Está en la cárcel por haber insultado al policía
He is in jail for insulting the policeman

for the **sake** of, on **behalf** of:

Lo hace siempre por su hermana menor
He always does it for his younger sister

for (time how long):

Vivió en la Argentina por algún tiempo
He lived in the Argentine for some time

in **search** of:

Fue por el gerente He went for the manager

Note also:

Quinientas pesetas por día five hundred pesetas a (per) day
Cien(*to*) *por cien*(*to*) a hundred per cent
Por la mañana (*tarde*) in the morning (afternoon or evening)

Por la noche at night
Por supuesto of course
Por fin finally, at last
Por ser más barato because it is cheaper
Por otra parte on the other hand
Por lo menos at least
Por (lo) tanto therefore, for that reason

(*c*) *Para* translates "for" in the following cases:

purpose (in order to):

Para dar prueba de su amistad (in order) to give proof of his friendship

destination (intended for):

Sale para París He is leaving for Paris
Nos vamos para Londres We are leaving for London
Dos regalos para mis padres Two presents for (intended for) my parents

"**Until**":

No podemos dejarlo para mañana We can't leave it until tomorrow

"**Only to**":

Había conseguido encontrarlo para perderlo poco después
He had succeeded in finding it only to lose it shortly afterwards

Note also:
Tiene bastante dinero para comprarlo He has enough money to buy it
Es demasiado (or *muy*) *joven para venir con nosotros*
He is too young to come with us
Para mí, es inútil As for me, it is useless (*para* = *en cuanto a*, as for)
Vendrá para el verano He will come for the summer
Es bueno para la salud It is good for the health
¿Para qué? (*¿Por qué?*) *¿Para qué lo hacen?*
Why (for what purpose) do they do it?
Lo dice para sí He says (it) to himself
Para siempre for ever
Estudia para médico He is studying to become a doctor
Estar para to be about to
Están para venir They are about to come
Estar por to be in favour of, to remain to be done (plus Infinitive)
No está por estas ideas modernas
He is not in favour of these modern ideas
Queda por ver it remains to be seen

Contrast:

Salió para Madrid, viajando por París
He set out for Madrid, travelling by (through, via) Paris

(*d*) In the following verbs, the word *for* is omitted in Spanish:

buscar, to look for *pedir*, to ask for *esperar*, *aguardar*, to wait for

43. **Uses of** *a*

(*a*) Destination or motion to a place

Van a casa they go home
Va al café he goes to the café
Llegan a Londres they arrive in London
Se cayó al río he fell into the river
Lo echaron al mar they threw it into the sea
Salió a la calle he went out into the street

But *entrar*, *poner* and *meter* take *en*:

Entró en el dormitorio he entered the bedroom
Lo pone todo en la maleta he puts it all in the suitcase

(*b*) Time

A las tres de la tarde at three o'clock in the afternoon
Volvió al momento he returned immediately
Volvió a los diez minutos he returned ten minutes later
A medianoche at midnight
Al día siguiente on the following day

(*c*) Place where

A unos kilómetros de aquí a few kilometres from here
A casa de su padre at his father's house
A la izquierda (*derecha*) on the left (right)
Al otro lado de la calle on the other side of the street

(*d*) Price, rate

Lo venden a cien pesetas el kilo they sell it at 100 pesetas a kilo
A ochenta kilómetros por hora at 80 kilometres per hour

(*e*) Common idioms with *a*

Olían a ajo they smelt of garlic
a pie on foot
a mano by hand
poco a poco little by little
a toda prisa at all speed
a menudo often
llovía a cántaros it was raining cats and dogs
a pesar de in spite of
aficionado a fond of
cara a facing
cara a cara face to face
al abrigo de sheltered from
a causa de because of
al contrario on the contrary
estar a punto de to be on the point of

Contrast:

Gibraltar, puerto al sur de España
Gibraltar, a port to the south of Spain

with:

Algeciras, puerto en el sur de España
Algeciras, a port in the south of Spain

A is also used:

(i) With a definite personal object (See personal *a*, Rule 9)
(ii) After certain verbs coming before the Infinitive (Rule 85)
(iii) With *al* and the Infinitive to mean "On —ing" (Rule 69d)

44. *De*

La esposa de Juan John's wife
Sale del café he goes out of the café
No lejos de la playa not far from the beach
Una taza de café a cup of coffee
(*Una taza para café* a coffee-cup)
¿De qué habla? What is he talking about?
Habla de su familia he is talking about his family
Un departamento de tercera clase a third-class compartment
El asiento de enfrente the seat opposite
El tren de Londres the London train
Pierde de vista a su amigo he loses sight of his friend
Lleno de full of, filled with
Después de hacerlo after doing it
Acompañada de su hija accompanied by her daughter
Acaba de llegar he has just arrived
La casa más vieja del pueblo the oldest house in the town
A través de la calle across the street
Abierta de par en par wide open
Más de seis libros more than six books
El pobre de mi marido my unfortunate husband
De nada not at all
De nuevo again, anew
Quince metros de largo fifteen metres long
Vestido de negro dressed in black
Es la hora de comer it's lunch time
Cubierto de nieve covered with snow

De is also used:

(i) With certain Past Participles with the meaning of "by" (Rule 75a).
(ii) After certain verbs used with the Infinitive (Rule 86).

45. *Desde, hasta*

Desde: "from, since", more emphatic than *de*, is used when the idea of time or distance is important.

Desde aquella época from that period
Desde ahora from now on
Desde lejos from afar
Desde niño since childhood
Desde luego immediately, of course

Likewise: "From . . . to" is translated by *desde . . . hasta*

Desde Londres hasta Madrid from London to Madrid

Hasta: "until, as far as, up to".

Hasta el domingo until Sunday
Hasta la casa as far as the house

The following are familiar forms of good-bye:

Hasta luego until soon
Hasta mañana until tomorrow
Hasta la vista until we meet again

Hasta can be used figuratively with the meaning of *even.*

Hasta mi madre lo sabía even my mother knew it

46. *En*: "in, on"

En casa at home
Entró en la sala he entered the room
Está en Madrid he is in Madrid (place where)
but *va a Madrid* he is going to Madrid (motion to a place)
Pone la gasolina en el depósito he puts the petrol in the tank
En el campo in the country
En la mesa on the table
Está en marcha it is in movement
Apoyado en la puerta leaning against the door

47. *Sobre, encima de*: "on, on top of, over"
Sobre (*encima de*) *la puerta* over the door

Sobre is also used figuratively.

Sobre todo above all, especially
Escribía un libro sobre el arte He was writing a book on art

48. *Bajo, debajo de*: "under, below"

Bajo (*debajo de*) *las palmeras* under the palm trees
Bajo la lluvia in the rain

Bajo is also used figuratively.

Bajo juramento under oath

49. *Detrás de, tras*: "after, behind"

Detrás de la casa behind the house
Tras nuestro largo viaje after our long journey

Tras is used for succession.

Uno tras otro one after another
Mes tras mes month after month

Después de translates "after" with time.

Después de la guerra after the war
Después de un rato after a while

50. *Sin*: "without (a)"

Sin aparente esfuerzo without any apparent effort
Sin coche without a car

51. *Antes de* (time); *delante de, ante* (place): "before"

Antes de las ocho before eight o'clock
Antes de su llegada before his arrival
Delante de un garaje before (in front of) a garage

Ante suggests "before, in the presence of."

Se halló ante el juez he found himself before the judge
Ante el rey in the presence of the king

52. *Por* is occasionally used with some prepositions to suggest motion.

Pasa por delante de la casa he passes in front of the house
Las flores crecen por encima de la puerta flowers grow over the door

53. Spanish prepositions take the Infinitive.

Sin ser visto without being seen
Después de hacerlo after doing it
Por haber hecho tal cosa for having done such a thing
Por ser tan pobre because he is so poor
Tengo intención de ir I intend to go
Antes de comer before eating

CONJUNCTIONS

54. *Y*: "and"

Y changes to *e* before *i* or *hi*.

Silencioso e invisible silent and invisible
Madre e hija mother and daughter
Util e interesante useful and interesting
Francia e Italia France and Italy
Fernando e Isabel Ferdinand and Isabella

Y remains before *hi-* if *hi-* is pronounced like *y*.
Agua y hielo water and ice

55. *O*: "or"

O changes to *u* before *o-* or *ho-*.
Siete u ocho seven or eight
Niño u hombre boy or man
Español u holandés Spanish or Dutch

56. *Pero, sino, mas*: "but"

(*a*) *Pero* is the usual word.
Le gusta leer, pero prefiere pintar He likes to read, but he prefers to paint

(*b*) *Sino* is used when there is direct contrast after a negative.
No es inglés sino español He is not English but Spanish
No es Pablo sino Vicente It is not Paul but Vincent

(*c*) "Only, nothing but" can be translated by *no . . . más que* or *no . . . sino*.
No tiene más que su casa He has only his house
No hace sino trabajar He does nothing but work
No existen sino de nombre They exist only (do not exist but) in name
No llega sino el domingo He is arriving only on (not arriving until) Sunday

Que is needed with *sino* in a clause.

No hace nada, sino que se queja siempre
He does nothing, but he is always complaining

(*d*) "Not only . . . but also" is *no sólo . . . sino también*.

No sólo perdió su reloj sino también su dinero
He not only lost his watch but also his money

(*e*) *Sino* also translates "except".

Nadie sino su madre No one except his mother
Nadie lo sabe sino él No one knows it but he

(*f*) *Pero sí* is used for emphasis.

No es muy hermosa, pero sí es muy agradable
She is not very beautiful, but she certainly is very nice

(*g*) Very occasionally one finds *mas* (no accent) for "but"

Me invitó a comer pero (mas) no pude venir
He invited me to lunch but I could not come

57. *Que* is not omitted in modern Spanish relative clauses.

No sabíamos que estaba enfermo We did not know he was ill.

58. Some conjunctions are formed by adding *que* to the Preposition.

Preposition	Conjunction
antes de	*antes(de) que* before
después de	*después (de) que* after
para	*para que* in order that
hasta	*hasta que* until
sin	*sin que* without
desde	*desde que* since

59. *Desde que* (since) refers to **time** and must not be confused with *puesto que* (since, because) which gives a **reason**.

Desde que empezó a trabajar aquí Since he started working here
No hace nada puesto que no le gusta trabajar
He does nothing since, (because) he doesn't like work

60. The following conjunctions should be noted:

o . . . o either . . . or
ni . . . ni neither . . . nor
no sólo . . . sino not only . . . but
apenas . . . cuando no sooner . . . than
no bien . . . cuando no sooner . . . than
sea . . . sea
siquiera . . . siquiera } whether . . . or
que . . . o que

VERBS

61. **Regular**

Infinitive	*Hablar*, to speak	*Comer*, to eat	*Vivir*, to live
Gerund	habl**ando**	com**iendo**	viv**iendo**
Past Participle	habl**ado**	com**ido**	viv**ido**
Present Indicative	habl**o**	com**o**	viv**o**
	habl**as**	com**es**	viv**es**
	habl**a**	com**e**	viv**e**
	habl**amos**	com**emos**	viv**imos**
	habl**áis**	com**éis**	viv**ís**
	habl**an**	com**en**	viv**en**
Imperfect	habl**aba**	com**ía**	viv**ía**
	habl**abas**	com**ías**	viv**ías**
	habl**aba**	com**ía**	viv**ía**
	habl**ábamos**	com**íamos**	viv**íamos**
	habl**abais**	com**íais**	viv**íais**
	habl**aban**	com**ían**	viv**ían**

Past Historic	habl**é**	com**í**	viv**í**
	habl**aste**	com**iste**	viv**iste**
	habl**ó**	com**ió**	viv**ió**
	habl**amos**	com**imos**	viv**imos**
	habl**asteis**	com**isteis**	viv**isteis**
	habl**aron**	com**ieron**	viv**ieron**
Future	habl**aré**	com**eré**	viv**iré**
	habl**arás**	com**erás**	viv**irás**
	habl**ará**	com**erá**	viv**irá**
	habl**aremos**	com**eremos**	viv**iremos**
	habl**aréis**	com**eréis**	viv**iréis**
	habl**arán**	com**erán**	viv**irán**
Conditional	habl**aría**	com**ería**	viv**iría** (see Rule 81e)
Present Subjunctive	habl**e**	com**a**	viv**a**
	habl**es**	com**as**	viv**as**
	habl**e**	com**a**	viv**a**
	habl**emos**	com**amos**	viv**amos**
	habl**éis**	com**áis**	viv**áis**
	habl**en**	com**an**	viv**an**
Imperfect Subjunctive	habl**ara**	com**iera**	viv**iera**
	habl**aras**	com**ieras**	viv**ieras**
	habl**ara**	com**iera**	viv**iera**
	habl**áramos**	com**iéramos**	viv**iéramos**
	habl**arais**	com**ierais**	viv**ierais**
	habl**aran**	com**ieran**	viv**ieran**
Imperfect Subjunctive (alternative form)	habl**ase**	com**iese**	viv**iese**
	habl**ases**	com**ieses**	viv**ieses**
	habl**ase**	com**iese**	viv**iese**
	habl**ásemos**	com**iésemos**	viv**iésemos**
	habl**aseis**	com**ieseis**	viv**ieseis**
	habl**asen**	com**iesen**	viv**iesen**

62. **The Four Commonest Verbs in Spanish**

Infinitive	*ser*, to be	*estar*, to be	*tener*, to have	*haber*, to have
Gerund	siendo	estando	teniendo	habiendo
Past Participle	sido	estado	tenido	habido
Present Indicative	**soy**	**estoy**	**tengo**	**he**
	eres	estás	t**ie**nes	**has**
	es	está	t**ie**ne	**ha**
	somos	estamos	tenemos	**hemos**
	sois	estáis	tenéis	habéis
	son	están	t**ie**nen	**han**

Imperfect	**era**	estaba	tenía	había
	eras	estabas	tenías	habías
	era	estaba	tenía	había
	éramos	estábamos	teníamos	habíamos
	erais	estabais	teníais	habíais
	eran	estaban	tenían	habían
Past Historic	**fui**	**estuve**	**tuve**	**hube**
	fuiste	**estuviste**	**tuviste**	**hubiste**
	fue	**estuvo**	**tuvo**	**hubo**
	fuimos	**estuvimos**	**tuvimos**	**hubimos**
	fuisteis	**estuvisteis**	**tuvisteis**	**hubisteis**
	fueron	**estuvieron**	**tuvieron**	**hubieron**
Future	seré	estaré	**tendré**	**habré**
	serás	estarás	**tendrás**	**habrás**
	será	estará	**tendrá**	**habrá**
	seremos	estaremos	**tendremos**	**habremos**
	seréis	estaréis	**tendréis**	**habréis**
	serán	estarán	**tendrán**	**habrán**
Present Subjunctive	**sea**	**esté**	**tenga**	**haya**
	seas	**estés**	**tengas**	**hayas**
	sea	**esté**	**tenga**	**haya**
	seamos	estemos	**tengamos**	**hayamos**
	seáis	estéis	**tengáis**	**hayáis**
	sean	**estén**	**tengan**	**hayan**
Imperfect Subjunctive	**fuera**	**estuviera**	**tuviera**	**hubiera**
	fueras	**estuvieras**	**tuvieras**	**hubieras**
	fuera	**estuviera**	**tuviera**	**hubiera**
	fuéramos	**estuviéramos**	**tuviéramos**	**hubiéramos**
	fuerais	**estuvierais**	**tuvierais**	**hubierais**
	fueran	**estuvieran**	**tuvieran**	**hubieran**
Imperfect Subjunctive (alternative form)	**fuese**	**estuviese**	**tuviese**	**hubiese**
	fueses	**estuvieses**	**tuvieses**	**hubieses**
	fuese	**estuviese**	**tuviese**	**hubiese**
	fuésemos	**estuviésemos**	**tuviésemos**	**hubiésemos**
	fueseis	**estuvieseis**	**tuvieseis**	**hubieseis**
	fuesen	**estuviesen**	**tuviesen**	**hubiesen**

63. Radical-changing Verbs

(*a*) Certain verbs, which are otherwise regular, change their root vowels when the stress falls on that root. *O* changes to *ue*, *e* to *ie*. Radical-changing verbs are indicated in the vocabulary thus:

contar (*ue*), to count, relate *perder* (*ie*), to lose.

Present Indicative

contar (*ue*)	to count	*cuento*	*cuentas*	*cuenta*	*contamos*	*contáis*	*cuentan*
perder (*ie*)	to lose	*pierdo*	*pierdes*	*pierde*	*perdemos*	*perdéis*	*pierden*

The root vowel also changes in the Imperative and Present Subjunctive.
Present Subjunctive

cuente	*pierda*
cuentes	*pierdas*
cuente	*pierda*
contemos	*perdamos*
contéis	*perdáis*
cuenten	*pierdan*

There is no change in the first and second persons plural as the stress does not fall on the root vowel.

Imperative with Vd(s) and tú

Count: *cuente(n) Vd(s), cuenta*
Lose: *pierda(n) Vd(s), pierde.*

(*b*) In a few verbs of the third conjugation, stressed *e* changes to *i*.
pedir (i), to ask for, *seguir* (i), to follow

Present Indicative

pido	*sigo*
pides	*sigues*
pide	*sigue*
pedimos	*seguimos*
pedís	*seguís*
piden	*siguen*

This change also takes place in the present Subjunctive (*pida, siga*) and in the Imperative (*Pida(n) Vd(s), pide. Siga(n) Vd(s), sigue*).

(*c*) Certain verbs of the 3rd conjugation *only*, in addition to being radical-changing, also change their root vowels, *even when they are not stressed*, if the next syllable contains *-a, -ie, -ió*. Root *e* changes to *i*, root *o* changes to *u*. These verbs are indicated in the vocabulary thus:

dormir (*ue -u*), to sleep, *sentir* (*ie -i*) to feel

Changes take place in the following tenses:

	dormir (*ue-u*)	*sentir* (*ie-i*)	*pedir* (*i*)
Past Historic	durmió	sintió	pidió
	durmieron	sintieron	pidieron
Gerund	durmiendo	sintiendo	pidiendo
Present Subjunctive	durmamos	sintamos	pidamos
	durmáis	sintáis	pidáis

Thus, it is possible for these verbs to change either because the root vowel is stressed or because the next syllable contains *-a, -ie, -ió*.

duermo I sleep (stressed)
durmió he slept (next syllable contains *-ió*)
durmieron they slept (next syllable contains *-ie*)

duerma (let me) sleep (stressed)
durmamos (let us) sleep (next syllable contains *-a*)

The commonest verbs in this group are:

pedir (*i*) to ask for	*sentir* (*ie -i*) to feel
elegir (*i*) to choose	*herir* (*ie -i*) to wound
vestirse (*i*) to dress	*preferir* (*ie -i*) to prefer
seguir (*i*) to follow	*divertirse* (*ie -i*) to amuse oneself
repetir (*i*) to repeat	*sugerir* (*ie -i*) to suggest
reirse (*i*) to laugh	*arrepentirse* (*ie -i*) to repent
corregir (*i*) to correct	*morir* (*ue -u*) to die
impedir (*i*) to prevent	*dormir* (*ue -u*) to sleep

64. **Irregular Imperfect Tenses**

Ir, to go	Iba, ibas, iba, íbamos, ibais, iban
Ser, to be	Era, eras, era, éramos, erais, eran
Ver, to see	Veía, veías, veía, veíamos, veíais, veían

65. **Imperative**

(*a*) The familiar Imperative with *tú* and *vosotros*. In the negative, the endings are the same as the Present Subjunctive.

tú	*vosotros*	*tú*	*vosotros*
habla	hablad	no hables	no habléis
come	comed	no comas	no comáis
vive	vivid	no vivas	no viváis

(*b*) The formal Imperative with *Vd*(*s*) uses the same ending as the Present Subjunctive.

hable Vd.	hablen Vds.
coma Vd.	coman Vds.
viva Vd.	vivan Vds.

Irregular forms (formal):

diga Vd., haga Vd., vaya Vd., ponga Vd., salga Vd., sea Vd., tenga Vd., venga Vd.

The negative Imperative adds *no*.

No hable Vd. No coma Vd.

Likewise the first and third persons have the same endings as the Present Subjunctive.

(*Que*) *hable mi amigo* Let my friend speak
(*Que*) *sigamos por esta calle* Let us follow this street
No perdamos tiempo Let us not waste time
Preguntemos al gerente Let us ask the manager
(*Que*) *Dios se lo pague* May God reward (pay) him for it

(*c*) The following familiar Imperatives are irregular in the singular.

	Singular	Plural	
Decir to say, tell	**di**	*decid*	*¡Dime todo!* Tell me everything!
Hacer to do, make	**haz**	*haced*	*¡Hazlo ahora!* Do it now!
Ir to go	**ve**	*id*	*¡Vete!* Go away!
Poner to put	**pon**	*poned*	*¡Ponlo allí!* Put it there!
Salir to go out	**sal**	*salid*	*¡Sal inmediatamente!* Go out at once!
Ser to be	**sé**	*sed*	*¡Sé bueno!* Be good!
Tener to have	**ten**	*tened*	*¡Ten cuidado!* Mind! Take care!
Venir to come	**ven**	*venid*	*¡Ven con nosotros!* Come with us!

66. **Reflexive Verbs**. *Lavarse*, to wash oneself

(*a*) *Me lavo* I wash myself
te lavas
se lava
nos lavamos
os laváis
se lavan

(*b*) Reflexive pronouns keep the same order as ordinary object pronouns. They follow the Infinitive, Gerund and positive Imperative. The accent is often necessary to keep the stress on the correct syllable.

Quiere levantarse He wants to get up
Levantándome getting up ("raising myself")
¡Levántate! Get up!

(*c*) *Mismo* is sometimes added for emphasis.

Se dice a sí mismo He says to himself

(*d*) The reflexive pronoun agrees at all times with the *subject*. This must be specially noted when the pronoun is used with the Infinitive.

Quiero levantarme I want to get up
Tenemos que sentarnos We must sit down

(*e*) A reflexive verb may be reciprocal with the meaning of "each other, one another".

Nos escribíamos cada día We wrote to each other every day
Los hermanos se ayudan The brothers help each other (one another)

Sometimes *el uno al otro, uno a otro,* (*los*) *unos a* (*los*) *otros*, etc., are used to avoid ambiguity with the third person.

Los hermanos se ayudan el uno al otro
The brothers help each other (two of them)
Los hermanos se ayudan los unos a los otros
The brothers help one another (several of them)

(*f*) A reflexive verb can translate a passive.

Aquí se habla español Spanish is spoken here
Se cierra a medianoche It is closed at midnight

(*g*) In the reflexive Imperative, the following omissions take place:

(i) With *os*, the *d* is dropped.
Sentaos (*sentad+os*), sit down *lavaos* (*lavad+os*), wash yourselves *levantaos* (*levantad+os*), get up.

(ii) With *nos*, the *s* is dropped and the accent is added to keep the stress in the correct position.

Sentémonos (*sentemos+nos*), let us sit down *lavémonos* (*lavemos+nos*), let us wash (ourselves).

The Present Subjunctive form can also translate these commands.
Que nos sentemos, que nos lavemos.

(*h*) Some verbs change their meaning slightly when used reflexively. Common examples are:

ir to go	*irse* to go away
hacer to do, make	*hacerse* to become
poner to put	*ponerse* to become, put on (clothing)
dormir (*ue -u*) to sleep	*dormirse* to fall asleep
morir (*ue -u*) to die	*morirse* to be dying
llamar to call	*llamarse* to be called
engañar to deceive	*engañarse* to be deceived
volver (*ue*) to return	*volverse* to turn round
correr to run	*correrse* to be ashamed, embarrassed

In some cases, the reflexive translates English "get", "become".

casarse to get married	*vestirse* (*i*) to get dressed
alejarse to get further away, move off	*enfadarse, enojarse* to get angry
	escaparse to get away, escape
acercarse to get close, approach	*cansarse* to get tired
	aburrirse to get bored
levantarse to get up	*disponerse, prepararse* to get ready

(*i*) Some verbs may be used reflexively or not, as one wishes. A few common examples are:

decidir(*se*) to decide	*sonreir*(*se*) to smile
parar(*se*) to stop	*desayunar*(*se*) (usually reflexive) to have breakfast
quedar(*se*) to remain	
reir(*se*) to laugh	*subir*(*se*) to go up
	bajar(*se*) to get off, go down

(*j*) Some verbs are reflexive in Spanish but not in English. In addition to the examples above, one also finds:

quejarse to complain *equivocarse* to make a mistake

atreverse to dare		*sentarse* (*ie*) to sit down
acordarse (*ue*) (*de*)	to remember	*acostarse* (*ue*) to go to bed
jactarse to boast		*apoderarse* (*de*) to seize

67. **Changes in Spelling**

Some verbs, which are otherwise regular, undergo certain changes in spelling in order that the last consonant of the stem may be pronounced the same as it is in the Infinitive.

(*a*) *Changes in the Present Indicative*

Coger, to grasp.
Co**j**o, coges, coge, cogemos, cogéis, cogen.
Vencer, to conquer.
Ven**z**o, vences, vence, etc.
Distinguir, to distinguish.
Distin**g**o, distingues, distingue, etc.
Dirigir, to direct.
Diri**j**o, diriges, dirige, etc.

It is important to understand the reason for these changes. In *coger* and *dirigir*, for example, if *g* is not changed to *j* before the *o*, the *g* would be hard, as in English *go*, and different from the sound of Spanish *g* before *e* or *i*, which is pronounced like *ch* in the Scottish word lo*ch*.

A few verbs with Infinitives in *-cer*, *-cir*, preceded by a vowel, add *z* before *c* when the verb ending is in *-o* or *-a*.

Conocer, to know.
Cono**z**co, conoces, conoce, etc.
Conducir, to lead.
Condu**z**co, conduces, conduce, etc.
Ofrecer, to offer.
Ofre**z**co, ofreces, ofrece, etc.

These changes will, of course, affect the Present Subjunctive, which is formed from the first person singular of the Present Indicative.

	Present Indicative	*Present Subjunctive*
Coger:	cojo	coja, cojas, coja, cojamos, cojáis, cojan
Vencer:	venzo	venza, venzas, etc.
Distinguir:	distingo	distinga, distingas, etc.
Dirigir:	dirijo	dirija, dirijas, etc.
Conocer:	conozco	conozca, conozcas, etc.
Conducir:	conduzco	conduzca, conduzcas, etc.
Ofrecer:	ofrezco	ofrezca, ofrezcas, etc.

(*b*) *Past Historic Tense*

Similar changes take place in the Past Historic with other verbs in order to keep the pronunciation consistent with the Infinitive. These changes also affect the Present Subjunctive.

Verbs ending in *-gar*: *g* before *e* becomes *gu*

		Past Historic	Present Subjunctive
Llegar	to arrive	*llegué*, **but** *llegaste*, *llegó*, etc.	*llegue*, *llegues*, etc.
Pagar	to pay for	*pagué*, **but** *pagaste*, *pagó*, etc.	*pague*, *pagues*, etc.
Obligar	to compel, oblige	*obligué*, **but** *obligaste*, *obligó*, etc.	*obligue*, *obligues*, etc.

Verbs in *-car*: *c* before *e* becomes *qu*

		Past Historic	Present Subjunctive
Buscar	to look for	*busqué*, **but** *buscaste*, *buscó*, etc.	*busque*, *busques*, etc.
Sacar	to take out	*saqué*, **but** *sacaste*, *sacó*, etc.	*saque*, *saques*, etc.
Explicar	to explain	*expliqué*, **but** *explicaste*, *explicó*, etc.	*explique*, *expliques*, etc.

Verbs in *-zar*: *z* before *e* becomes *c*

		Past Historic	Present Subjunctive
Rezar	to pray	*recé*, **but** *rezaste*, *rezó*, etc.	*rece*, *reces*, etc.
Empezar (*ie*)	to begin	*empecé*, **but** *empezaste*, *empezó*, etc.	*empiece*, *empieces*, etc.
Comenzar (*ie*)	to begin	*comencé*, **but** *comenzaste*, *comenzó*, etc.	*comience*, *comiences*, etc.

With Verbs in *-er* and *-ir* whose root ends in *-ll* or -ñ, changes take place in the third person of the Past Historic, in the Gerund and in the Imperfect Subjunctive.

		Past Historic	Gerund	Imperfect Subjunctive
Bullir	to boil	(*él*) *bulló* (**not** *bull-ió*) (*ellos*) *bulleron*	*bullendo*	*bullese* **or** *bullera*
Gruñir	to grunt	(*él*) *gruñó* (**not** *gruñ-ió*) (*ellos*) *gruñeron*	*gruñendo*	*gruñese* **or** *gruñera*

The *i* is unnecessary in these cases because it is replaced by the *i* sound in *ll* (pronounced *li*) and *ñ* (pronounced *ni*).

Likewise the *i* is dropped when it is preceded by a *y*.

		Past Historic	Gerund	Imperfect Subjunctive
Caer	to fall	(*él*) *cayó* (**not** *cay-ió*) (*ellos*) *cayeron*	*cayendo*	*cayese* **or** *cayera*
Leer	to read	(*él*) *leyó* (**not** *ley-ió*) (*ellos*) *leyeron*	*leyendo*	*leyese* **or** *leyera*
Creer	to believe	(*él*) *creyó* (**not** *crey-ió*) (*ellos*) *creyeron*	*creyendo*	*creyese* **or** *creyera*
Construir	to construct	(*él*) *construyó* (**not** *construy-ió*) (*ellos*) *construyeron*	*construyendo*	*construyese* **or** *construyera*

68. **Gerund and Past Participle**

(*a*)

Infinitive	Gerund	Past Participle
Hablar	*hablando*	*hablado*
Comer	*comiendo*	*comido*
Vivir	*viviendo*	*vivido*

The Gerund is invariable and strictly verbal in sense. It can never be used as an adjective. The adjectival form is the Present Participle (Rule 69a).

(*b*) Some regular and radical-changing verbs have irregular Past Participles.

Abrir (to open), *abierto; cubrir* (to cover), *cubierto; descubrir* (to discover), *descubierto; escribir* (to write), *escrito; describir* (to describe), *descrito; morir* (*ue-u*) (to die), *muerto; resolver* (*ue*) (to resolve), *resuelto; volver* (*ue*) (to return,) *vuelto*.

(*c*) Some verbs have two forms of Past Participle, of which the first form is the more usual:

freír (to fry), *frito* (or *freído*, rarely used)
suprimir (to suppress), *suprimido* (or *supreso*)
prender (to take), *prendido* (or *preso*, in the sense of arrested)
proveer (to provide), *provisto* (or *proveído*)
romper (to break), *roto* (or *rompido*)
He frito los huevos I have fried the eggs
Ha roto la taza He has broken the cup

(*d*) This construction is occasionally found:

Terminadas las tareas de la casa, la señora Martínez salió
The jobs in the house (having been) finished, Señora Martínez went out

69. **The Spanish Present Participle. Translation of the English Present Participle**

(*a*) The Spanish Present Participle still survives in a few verbs. It ends in *-ante*, *-ente* or *-iente*. Its use is adjectival.

Una idea alarmante (*que alarma*) an alarming idea
Una hija obediente (*que obedece*) an obedient daughter
Un cliente importante (*que importa*) an important customer
Detalles interesantes (*que interesan*) interesting details
Los representantes (*los que representan*) the representatives
Durante (*que dura*) during
Bastante (*que basta*) enough
Al día siguiente (*que siguió*) on the following day
Una cara sonriente (*que sonríe*) a smiling face

(*b*) Care must be taken when translating the English Present Participle after a preposition. As stated in Rule 53, Spanish prepositions take the Infinitive.

Sin vernos without seeing us
Después de salir after going out
Antes de trabajar before working
Por ses más barato because it is cheaper

(*c*) "By" followed by the English Present Participle is often translated by the Gerund.

Se hizo rico trabajando día y noche
He became rich by working day and night

(*d*) *Al* with the Present Infinitive translates "on . . .-ing".

Al regresar del café . . . On returning from the café . . .

(*e*) When the English "-ing" is a verbal noun, it is translated by the Present Infinitive.

Ver es creer Seeing is believing
Me gusta trabajar I like working

(*f*) Sometimes a Spanish Past Participle indicating a state will translate an English Present Participle

Sentado sitting *acostado* lying down
inclinado, apoyado leaning *montado en bicicleta* riding on a bicycle
suspendido hanging *colgado* hanging

(*g*) After the verbs "to see" and "to hear", Spanish usually prefers the Present Infinitive or *que* with the Indicative. Very occasionally the Gerund is found with this construction.

Los vemos jugar (que juegan) en la playa
We see them playing on the beach
Le oyen tocar (que toca) la guitarra They hear him play(ing) the guitar

(*h*) An adjectival clause or an adjective is used when "-ing" serves an adjectival function.

Hay muchas personas que trabajan en Correos
There are many people working in the Post Office
Hallaron una maleta que contenía muchos cigarrillos
They found a suitcase containing many cigarettes
Una chica encantadora A charming girl
Una esposa trabajadora A hard-working wife

(*i*) It is important to stress that the Gerund is verbal and the Present Participle is adjectival.

Agua corriendo por la cuneta Water running along the ditch
No tenemos agua corriente en la casa
We have no running water in the house
Sus rosas están creciendo rápidamente His roses are growing quickly
Su opulencia creciente His increasing (growing) wealth
La creciente burocracia oficial The increasing official bureaucracy
El jardinero cambiando las flores The gardener changing the flowers
El cambiante paisaje The changing landscape
La tempestad rugiendo a lo lejos The storm roaring in the distance
La rugiente tempestad The raging storm

70. The Progressive or "Continuous" tenses

(*a*) These are formed with *estar* and the Gerund.

Está hablando He is talking
Estaba hablando He was talking
Estará hablando He will be talking

The Gerund is invariable.

Están trabajando They are working
Ella estaba leyendo She was reading

(*b*) The Continuous Present is used for the immediate present, as in English. It is not used for habitual action.
Está trabajando ahora en el jardín He is working now in the garden

But:

Trabaja en el despacho del señor Ibáñez
He works in the office of Mr. Ibáñez (habit)

(*c*) *Ir*, *irse*, *venir*, *andar*, *quedar*, *ser* are sometimes used instead of *estar*.

La situación se va poniendo muy fea The situation is getting very ugly
Va escribiendo He is (goes on) writing
Lo fue demorando He kept putting it off

71. The Perfect Tenses

(*a*) The Perfect Tenses are formed with the various tenses of *haber* and the Past Participle.

Present Perfect:	*he trabajado*	I have worked
Pluperfect:	*había trabajado*	I had worked
Past Anterior:	*hube trabajado*	I had worked
Future Perfect:	*habré trabajado*	I shall have worked
Conditional Perfect:	*habría trabajado*	I should have worked

(*b*) The Past Participle with *haber* is invariable.

¿Han hablado Vds. todos? Have you all spoken?

(*c*) Very occasionally one finds the Past Participle with *tener*. In this case the Past Participle agrees with the object.

Tenemos contadas todas las monedas We have counted up all the coins
Ya tiene escrita la carta He has the letter written already

(*d*) "Had", with the Past Participle, is usually *había*, but in literary style the Past Anterior (*hube*) is used when an action immediately precedes another in past time. The Past Anterior follows a conjunction of time such as: *cuando*, when; *no bien*, no sooner, etc.

Cuando hubo llegado, llamó a la puerta
When he had arrived, he knocked at the door

In less formal style, however, the Past Historic is used.

Cuando llegó, llamó a la puerta.

One occasionally sees the very literary form:

Llegado que hubo . . . When he had arrived . . .
Terminado que hubieron . . . When they had finished . . .

72. The Interrogative

Questions are asked in Spanish by:

(*a*) Putting the subject after the verb.

¿Va Juan al café? Is John going to the café?
¿No lo quiere Vd? Don't you want it?

(*b*) Using an interrogative word:

¿Dónde están? Where are they?
¿A dónde va Vd? Where are you going to?
¿Cuándo volverá? When will he return?
¿Por qué no contesta su hermana? Why doesn't your sister answer?

(*c*) Using the normal word order and suggesting the question by the interrogative pitch of the voice.

¿Carlos ha terminado? Has Carlos finished?

(*d*) The accent is retained on interrogative words even in an indirect question.

Me preguntó qué hacía He asked me what I was doing
No sabía dónde estaban ni cuándo volverían
I didn't know where they were nor when they would return

73. Word Order

Spanish word order is more flexible than English. The following should be noted:

(*a*) The Spanish subject often follows the verb, even if the sentence is not interrogative.

Si quiere Vd. verlo If you want to see it
No sé lo que han dicho mis padres
I don't know what my parents have said
La casa donde vive el señor González
The house where Señor González lives
Se paró el coche y salieron dos hombres
The car stopped and two men got out
Tenían mis amigos una finca en las montañas
My friends had a farm in the mountains

A subject made up of a number of words usually follows the verb.

En aquel momento llegaron todos los amigos del señor Sánchez
At that moment all the friends of Señor Sánchez arrived

Le verá luego el señor Ibáñez, presidente de la compañía
Señor Ibáñez, President of the company, will see you in a moment.

(*b*) The subject always follows the verb after direct speech.

—¡Que vengan!—gritaron los chicos
"Let them come!" the boys shouted
—Así lo espero—contestó su amigo "I hope so," replied his friend
—No importa—dijo mi padre "It doesn't matter," said my father

(*c*) *Haber* is not usually separated from its Past Participle by another word, though this rule is not always observed.

¿Qué ha visto Vd? What have you seen?
Han llegado ya los niños The children have already arrived

(*d*) When asking a question, the subject is usually put after the object or adjective complement.

¿Tiene vino su amigo? Has your friend any wine?
¿Ha comprado pan su madre? Has your mother bought bread?
¿Es vieja su casa? Is your house old?
¿Es inteligente el actor? Is the actor intelligent?

But the object follows if it is longer than the subject.

¿Ha comprado Juan el reloj de oro? Has John bought the gold watch?

74. **Uses of** *ser* **and** *estar*

Both *ser* and *estar* mean to be and it is important to note the different uses of these verbs.

(*a*) *Ser* is used:

(i) With an adjective to show something that is characteristic or inherent.

Mi esposa es trabajadora My wife is hard-working
Juan es inteligente John is intelligent
Mi hermana es perezosa My sister is lazy

(ii) With nationality or occupation.

Su madre es española His mother is Spanish
Enrique es médico Henry is a doctor

(iii) To indicate ownership, origin or material from which something is made.

El coche es de Felipe The car is Philip's
Mi amigo es de Londres My friend is from London
El barco es de madera The ship is (made) of wood
Los balcones son de hierro The balconies are (made) of iron

(iv) When the verb "to be" is followed by a noun, pronoun or infinitive.

Es un garaje It is a garage
Es una tragedia It is a tragedy
Es un café It is a café

La casa es mía The house is mine
Los libros son míos The books are mine
Soy yo It is I, it's me
Ver es creer Seeing is believing
Es decir That's to say —
Es de esperar que — It is to be hoped that —

(v) With expressions of time showing the hour, day, month or year.

¿Qué hora es? Es la una (Son las dos)
What time is it? It is one o'clock (It is two o'clock)
Hoy es domingo Today is Sunday
Era en enero It was in January

(vi) *Ser* is used with the Past Participle to form the passive.

La señora ha sido insultada The lady has been insulted
Fueron capturados por el policía They were captured by the policeman

This use of *ser* with the Past Participle emphasizes the *action* of the verb. If, however, one wishes to emphasize the *state* or *condition*, then *estar* is used. The Past Participle, when used with *ser* or *estar*, agrees with the subject.

(*b*) *Estar* is used

(i) At all times to indicate place where.

Están en la casa They are in the house
¿Dónde están sus amigos? Where are your friends?
Allí está el hotel There is the hotel

(ii) With the adjective to show an accidental, temporary *state* or *condition*, i.e. one that is different from the usual or expected.

¿Cómo está su madre? Está enferma hoy
How is your mother? She is ill today
El gerente está malhumorado hoy The manager is bad-tempered today
(*Es malhumorado* suggests he is usually bad-tempered.)
Está pálido He is (looking) pale
Es pálido He is (usually) pale
Está alegre esta mañana He is cheerful this morning (He is not always so)
Es alegre He is (usually) cheerful (inherent characteristic)
Está pobre He is feeling hard up (unusual state)
Es pobre He is poor (usual state)

(iii) With the Gerund to form the "continuous" tenses (Rule 70).

Está (estaba, estará) hablando He is (was, will be) talking

(iv) With the Past Participle to show state or condition. In this case the Past Participle is used as an adjective.

Estos asientos están reservados These seats are reserved
El teatro está cerrado The theatre is closed
La taza está rota The cup is broken

(v) With *de*, plus a noun, to indicate a temporary occupation.

Está ahora de actor en una película
He is now (working as) an actor in a film
Está ahora de marinero en un velero
He is now (working as) a sailor in a sailing ship

(*c*) Both *ser* and *estar* can be used with the same adjective to convey a different meaning.

Está enfermo He is unwell
Es (un) enfermo He is an invalid
Está cansado He is tired
Es cansado He is tiresome, a nuisance
Está borracho He is drunk (state)
Es borracho He is a drunkard (inherent characteristic)
Estar muerto To be dead (state)
Ser muerto To be killed (action)
Está bueno (malo) He is well (ill)
Es bueno (malo) He is good (bad) (i.e. inherent characteristic)
Está joven (viejo) He is (looking) young (old)
Es joven (viejo) He is young (old)
Estar loco To be furious
Ser loco To be mad

(*d*) Note also:

Son pobres, pero están contentos They are poor but happy
Somos amigos We are friends
Está enamorado de María He is in love with María
Está de vuelta He is back
Están de vacaciones They are on holiday
Mientras en casa estoy, rey soy (proverb)
While I am in my house, I am the king
Está a sus anchas He is at his ease
Le está bien It fits him nicely
Está para hacerlo He is about to do it
Está por comprarlo He favours buying it

75. **The Passive**

The Spanish passive can be expressed in three ways:

(*a*) *Ser* with the Past Participle as in Rule 74a.

Fueron vistos por mi hermano They were seen by my brother

Ser with the Past Participle emphasizes the *action* of the verb. Spaniards, however, tend to emphasize the *state* or *condition* and often prefer to use *estar* with the Past Participle. *Ser* with the Past Participle is used when there is an agent.

Fue construido por un arquitecto francés It was built by a French architect

"By" is translated by *por*, but after verbs expressing thought or feeling, *de* is used.

Era muy querida de sus niños She was much loved by her children
El Capitán se veía odiado de sus soldados
The Captain was hated by his soldiers

However, a Spaniard tends to avoid the passive, where possible, preferring the active form.

Sus niños la querían mucho Her children loved her greatly
Los soldados odiaban al Capitán The soldiers hated the Captain

The following are also used with *de*:

rodeado de surrounded by
seguido de followed by
acompañado de accompanied by
precedido de preceded by

(*b*) The reflexive, as in Rule 66f.

El cine se cierra a las once The cinema shuts (is closed) at eleven o'clock
Se habla inglés en este comercio English is spoken in this shop
El teatro se llenaba de gente
The theatre was filling (being filled) with people

The reflexive passive may be used with the singular verb, when *se* becomes similar to "one, you, they".

Se dice It is said
Se le ve He is seen (*se ve*, he sees himself)
Se cree It is believed
No se sabe nunca You never know.

Uno is sometimes used with the meaning of "one" or "I".

Uno se levanta a las siete One gets up at seven o'clock

(*c*) The third person plural.

Dicen que está muy enfermo They say (it is said) that he is very ill
Nos han visto We have been seen (they have seen us)

(*d*) Do not confuse the reflexive passive with the genuine reflexive.

Le mataron or *fue matado* He was killed
Se mató He killed himself

(*e*) *Estar* is occasionally replaced by *sentirse*, *encontrarse*, *verse*, *hallarse*, *quedar*(*se*).

Se siente avergonzado He is (feels) embarrassed
Me encuentro sorprendido I am (find myself) surprised
Se quedó asustada She was (remained) frightened
Sus hermanas siempre iban vestidas de negro
His sisters were (went) always dressed in black
Se vio obligado a salir He was (saw himself) compelled to leave
Se halló condenado a la cárcel He was condemned to imprisonment

76. **Impersonal Verbs**

(*a*) *Haber*

Hay, there is, there are.
Había or *hubo*, there was, there were

Había mucha gente allí There were many people there
Hubo un terrible accidente There was a terrible accident

Habrá, there will be

Habrá una fiesta There will be a party

Habría, there would be
Ha habido, there has been

Hay, *había*, etc. *que* plus the Infinitive denotes necessity or "one must".

Hay que hacerlo One (we, you) must do it

But note:

No habrá mucho que hacer There will not be much {to be done / to do}

Haber de plus the Infinitive means 'to have to, to be to, must" (less emphatic than *tener que* or *deber*).

He de verlos mañana I am (have) to see them tomorrow
Había de ir a visitarlos aquella tarde
He was to go and visit them that afternoon

(*b*) *Llover* (*ue*) to rain

lloviznar to drizzle
nevar (*ie*) to snow
helar (*ie*) to freeze
tronar (*ue*) to thunder
¿Qué tiempo hace hoy? What is the weather like today?
Hace buen (*mal*) *tiempo* The weather is good (bad)
Hace (*mucho*) *calor* It is (very) hot
Hará frío mañana It will be cold tomorrow
Hace buen día It's a fine day
Hace sol (*viento*, *fresco*) It is sunny (windy, fresh)

Hay is used with a few expressions of weather.

Hay (or *hace*) *sol* The sun is shining, it is sunny
Hay luna The moon is shining
Habrá neblina It will be foggy

(*c*) *Hace* with an expression of time means ago.

Hace dos horas Two hours ago
Hace un año A year ago
Hace diez minutos que llegué / *Llegué hace diez minutos* } I arrived ten minutes ago

Hacía means before.

Hacía muchos años Many years before
Hacía seis meses Six months before
Hacía diez minutos que había llegado
I had arrived ten minutes before

(*d*) *Amanecer*, to dawn.

anochecer, *atardecer*, to get dark.
Anochecía cuando llegamos Darkness was falling when we arrived
Amanecía Day was breaking

Sometimes *amanecer*, *anochecer*, *atardecer* are used personally.

Amanecí en Londres I arrived in London at dawn

Note also:

Era de noche It was at (by) night, in the night-time
Era de día It was by day, in the daytime
Es tarde (*temprano*) It is late (early)
Está oscuro (*nublado*) It is dark (cloudy)

(*e*) Common impersonal verbs are:

Más vale rehusar It is better to refuse
Más valdría venir It would be better to come
Resulta más barato It is cheaper
Importa (*es importante*) *hacerlo* It is important to do it
Se trata de mi familia It is a question of my family
Aconteció anoche It happened last night
No nos conviene It doesn't suit us

77. **Idioms with** *tener*

Tener frío, *tener calor* To be cold, to be warm (people only)

But: *el té está frío* The tea is cold (*estar* for things)

Tengo hambre I am hungry
Tenemos (*mucha*) *sed* We are (very) thirsty
Tienen razón They are right
No tienen razón They are wrong
Tengo sueño I am sleepy
Tengo ganas de . . . I want, feel inclined to . . .
Tiene prisa He is in a hurry
Tener lugar To take place
Tiene malas pulgas He is bad-tempered (has bad fleas)
Tiene miedo He is afraid
Tener suerte To be lucky
Tener cuidado To be careful
Tener en cuenta To bear in mind
Tener que ver con To have to do with
Tener por To consider (as)

¿Tiene Vd. sed? Sí, mucha Are you thirsty? Yes, very
Tenemos mucho frío We are very cold
Tienen mucha hambre They are very hungry
Eso no tiene nada que ver con mi hermana
That has nothing to do with my sister
Tendrá lugar el domingo It will take place on Sunday

78. **Agreement of Verb and Subject**

Soy yo It is I, it's me
Eras tú It was you
Eramos nosotros It was we
Enrique y yo vamos a Valencia Henry and I are going to Valencia
Felipe y tú vais a verlos You and Philip are going to see them
Eras tú quien querías (or *quería*) *el libro*
It was you who wanted the book
Soy yo quien la he (or *ha*) *visto* It is I who have seen her
Ni Juan ni Carlos lo han hecho todavía
Neither Juan nor Carlos has done it yet

A collective noun takes a singular verb.

La gente iba a la iglesia The people were going to the church

79. **Uses of Tenses. The Present**

(*a*) The Present Indicative has three meanings.

Habla, he speaks, does speak, is speaking.

(*b*) The Present Indicative, used with *hace*, translates an action which started in the past and is still going on in the Present (English "have been —ing").

Trabajo en el banco hace tres años or *Hace tres años que trabajo en el banco*
I have been working (have worked) in the bank for three years (and still am)

Contrast:

Trabajé en el banco (*por*) *tres años*
I worked in the bank for three years (but no longer do so)

Viven (*están viviendo*) *en Madrid cinco años*
Viven en Madrid desde hace cinco años
Hace cinco años que viven en Madrid
They have been living (have lived) in Madrid for five years (and still are)

Contrast:

Vivieron en Madrid (*por*) *cinco años*
They lived in Madrid for five years (and no longer do so)

80. **Uses of Tenses. Imperfect Indicative**

When the construction in 79b takes place in the Past (English "had been —ing"), the Imperfect is used. It describes an action started in the past and still continuing when something else took place.

Trabajaba en el banco desde hacía tres años, cuando murió mi padre
I had been working in the bank for three years (and still was working there), when my father died
Vivíamos en Madrid desde hacía cinco años, cuando decidimos comprar una casa
We had been living in Madrid for five years (and were still living there), when we decided to buy a house

For uses of *hace, hacía* meaning "ago, before", see Rule 76c.
For the use of the Imperfect contrasted with the Past Historic, see Rule 83.

81. **Uses of Tenses. Future and Conditional**

(*a*) *Viviré en Málaga* I shall live (shall be living) in Malaga

(*b*) The Future often expresses probability or conjecture.
Alguien ha llamado a la puerta. Será mi amigo Felipe
Someone has knocked at the door. It is probably (that will be, must be) my friend Philip

The Conditional likewise expresses probability or conjecture in the past.
Serían las tres cuando llegamos
It was about (was probably, would be) three o'clock when we arrived

(*c*) When "will" or "would" mean "wish to, are willing to", *querer* is used.
No quiere hacerlo He won't (doesn't want to) do it

(*d*) The Future is sometimes expressed by *ir* with the Infinitive.
Van a vernos mañana They will see us (are going to see us) tomorrow

(*e*) The Conditional endings are: *-ía, -ías, -ía, -íamos, -íais, -ían.*

82. **Uses of Tenses. The Perfect Tense**

The Perfect Tense is used for an action that took place in recent, but not clearly specified time. Its use is similar to the English.

He visto a su hermana I have seen your sister
Han llegado al hotel They have arrived at the hotel

If, however, these actions are qualified by an expression of time, the Past Historic is used.

Vi a su hermana ayer I saw your sister yesterday
Llegaron al hotel anoche They arrived at the hotel last night

Note:

¿Qué ha hecho Vd? What have you been doing? What have you done?
He esperado en el coche I have been waiting in the car

83. **Uses of Tenses. The Imperfect and Past Historic**

The Imperfect Tense is used:

(*a*) For an action that is repeated or habitual.

Iba a la iglesia cada domingo He went to church every Sunday
Siempre compraba un periódico en la calle
He always bought a newspaper in the street

(*b*) To translate "used to —", "was —ing", "would" (suggesting a habit).

Se desayunaba en el café de enfrente
He used to have (would have) breakfast in the café opposite
Llovía cuando llegó It was raining when he arrived
La veíamos en la playa We would (used to) see her on the beach

"Would", "used to" can often be translated by *soler* in the Imperfect.
Solíamos verla en la playa.

(*c*) For descriptions, actions or states going on for an undefined period of time.

Mi habitación daba a la plaza My room looked on to the square
Vivíamos en España en aquel tiempo
We lived (were living) in Spain at that time

(*d*) The Past Historic, by contrast, is used for single, complete actions in past time. It is much more sharply defined in time. Contrast the following, which are single, complete actions, as opposed to (*a*) and (*b*) above.

Fue a la iglesia ayer He went to church yesterday
Compró un periódico en la calle He bought a paper in the street
Se desayunó en el café He had breakfast in the café
Llovió mucho anoche It rained a lot last night
La vimos en la playa We saw her on the beach

84. **Verbs with the Infinitive**

The following verbs take no preposition when followed by the Infinitive:

aconsejar to advise
amenazar to threaten
conseguir (*i*) to succeed in
creer to believe
deber "must, should, ought"
decidir to decide
dejar to let, allow
desear to desire
elegir (*i*) to choose
esperar to hope, expect to, wait for
evitar to avoid
fingir to pretend
hacer to make, do
impedir (*i*) to prevent
intentar to try
jurar to swear
lograr to succeed in
mandar to order
merecer to deserve
necesitar to need
negar (*ie*) to refuse
odiar to hate
oír to hear
olvidar (also *olvidarse de*) to forget
ordenar to order
parecer to seem
pensar (*ie*) to think
permitir (*i*) to permit
poder (*ue*) to be able
preferir (*ie*) to prefer
procurar to try
prohibir to forbid
prometer to promise
proponer to propose
querer (*ie*) to wish

recomendar (*ie*) to recommend
recordar (*ue*) to remember
rehusar to refuse
resolver (*ue*) to resolve
saber to know (how to)
sentir (*ie* -*i*) to regret, feel
servirse (*i*) to be kind enough to
soler (*ue*) to be used, accustomed to
temer to fear
ver to see

Examples:

Vemos trabajar a los hombres We see the men working
Oigo venir a mi hija I hear my daughter coming
Olvidó hacerlo He forgot to do it
Parece comprenderlo He seems to understand (it)
Merece tener éxito He deserves to succeed
Nos prohibe escribir He forbids us to write
Prometió venir He promised to come
No sabe conducir el coche
He can't (doesn't know how to) drive the car
Sintió haberlo hecho He was sorry he had done it
Sírvase darme un poco de vino Be so kind as to give me a little wine
Nos hizo sentarnos He made us sit down

85. **Infinitive with** *a*

The following verbs take *a* before the Infinitive:

(*a*) Verbs of *motion* (*venir*, *ir*, *correr*, *subir*, *salir*, etc.).

Fuimos a verle We went to see him
Corrió a ayudarme He ran to help me

(*b*) Verbs of *teaching* and *learning* (*enseñar*, *aprender*).

Me enseña a conducir He is teaching me to drive
Aprende a leer He is learning to read

(*c*) Verbs of beginning (*empezar* (*ie*), *comenzar* (*ie*), *principiar*, *ponerse a*, *echar a*).

Empezaron a comer They began to eat
Se puso a escribir He began to write

(*d*) Several other verbs also take *a* before the Infinitive. The following are the commonest:

acceder a to agree to
acertar (*ie*) *a* to chance to
acostumbrar (*se*) *a* to get accustomed to
acudir a to come to, hasten to
aficionarse a to become fond of
alcanzar a to succeed in
apresurarse a to hurry to
atreverse a to dare to
ayudar a to help to
condenar a to condemn to

conducir a to lead to
contribuir a to contribute to
convidar a to invite to
decidirse a to decide to
(also *decidir* with no preposition)
dedicarse a to dedicate oneself to
disponerse a to get ready to
enviar a to send to
forzar (ue) a to force to
habituar(se) a to accustom (oneself) to
incitar a to incite to
inspirar a to inspire to
invitar a to invite to
llegar a to come to, succeed in
negarse (ie) a to refuse to
obligar a to oblige to
pararse a to stop to
persuadir a to persuade to
prepararse a (or *para*) to prepare to
resolverse (ue) a to resolve to
sentarse(ie) a to sit down to
volver (ue) a to . . . again (*idiom*)

Examples:

Se decide a hacerlo (or *decide hacerlo*) He decides to do it
Me ayudó a completarlo He helped me to complete it
Nadie se atreve a hacerlo No one dare do it
Se niega a venir He refuses to come
Me invitó a comer He invited me to have lunch
Volvió a escribir He wrote again

86. Infinitive with *de*

The following are the commonest verbs which take *de* before an Infinitive:

acabar de to have just
acordarse (ue) de to remember
alegrarse de to be glad to
aprovecharse de to profit by
arrepentirse (ie-i) de to repent of, regret
asustarse de to be frightened to, of
avergonzarse(ue) de to be ashamed of, to
cansarse de to get tired of
cesar de to cease to
cuidar de to take care to
dejar de to cease to, fail to
desdeñarse de to scorn to
disculparse de to excuse oneself for
encargarse de to undertake to

estar contento de to be glad to
estar seguro de to be sure to
fatigarse de to tire of
guardarse de to guard against, refrain from
haber de to have to
indignarse de to be indignant at
olvidarse de to forget to
tener ganas de to want to
tener la intención de to intend to
tratar de to try to

Examples:

Acaba (acababa) de vernos He has (had) just seen us
Me alegro de verte I am pleased to see you
Cesó de (dejó de) trabajar He stopped working
Se disculpó de haber llegado tarde
He apologized for having arrived late
Se olvidó de hacerlo He forgot to do it
Tratan de entrar They try to enter

87. **The Infinitive with Other Prepositions:** *en, con, por, para*

(*a*) The following take *en* before the Infinitive:

consentir (ie -i) en to consent to
consistir en to consist of
convenir en to agree to
divertirse (ie -i) en to amuse onself by
pensar (ie) en to think of
dudar en, vacilar en to hesitate to
quedarse en to agree to
tardar en to be long in
tener éxito en to succeed in
no tener éxito en to fail to

Examples:

Consintió en hacerlo He consented to do it
Piensa en ir al teatro He is thinking of going to the theatre
Dudó (vaciló) en comprarlo He hesitated to buy it

(*b*) The following take *con* before the Infinitive:

amenazar con to threaten to (also used without preposition)
contar (ue) con to count on
contentarse con, conformarse con to be content with (to)
soñar (ue) con to dream of

Examples:

Soñaba con hacerse actriz She dreamt of becoming an actress
Se contenta (se conforma) con no decir nada He is content to say nothing

(*c*) The following take *por* before the Infinitive:

acabar por to end by
comenzar (*ie*) *por*, *empezar* (*ie*) *por* to begin by
(but *empezar*, *comenzar*, *principiar a* to begin to)
luchar por, *trabajar por*, *esforzarse* (*ue*) *por* to strive to
quedar por to remain (to be done)

Examples:

Esta carta queda por escribir This letter remains to be written
Acabó por decírmelo todo He ended by telling me everything

(*d*) The following take *para* before the Infinitive:

ofrecerse para (or *a*) to offer to
prepararse para (or *a*) to prepare to
servir (*i*) *para* to serve to

Examples:

Se ofrece para (*a*) *ayudarnos* He offers to help us
Se preparan para (*a*) *salir* They are getting ready to go out

88. **Points to Note**

(*a*) The verbs *seguir*, *continuar*, to continue, carry on, take the Gerund.

Siguió hablando He went on talking
Continuaron comiendo They continued eating

(*b*) A verb, adjective or noun taking a preposition before the Infinitive, keeps the same preposition before *que* introducing a clause.

Nos alegramos de que — We are pleased that —
Me acuerdo de que no lo ha hecho I remember that he has not done it

(*c*) The use of *hacer* with the Infinitive should be noted.

Hace construir una casa He is having a house built
Hizo limpiar el reloj He had the watch cleaned
Hacer saber To make known

89. **Formation of the Subjunctive**

(*a*) Present Subjunctive endings:

-ar verbs:	*-e*, *-es*, *-e*, *-emos*, *-éis*, *-en*
-er, *-ir* verbs:	*-a*, *-as*, *-a*, *-amos*, *-áis*, *-an*

(*b*) The stem is taken from the 1st Person Singular of the Present Indicative.

hablar	hablo	hable
traer	traigo	traiga
poner	pongo	ponga
conocer	conozco	conozca, etc.

A few forms are irregular:

dar	doy	dé
ir	voy	vaya
saber	sé	sepa
ser	soy	sea
estar	estoy	esté
haber	he	haya

(*c*) Radical-changing verbs also change their root vowels in the Present Subjunctive (Rule 63a).

contar (ue)	cuento	cuente
perder (ie)	pierdo	pierda

Certain 3rd conjugation verbs, as outlined in Rule 63c, change their root vowels in the 1st and 2nd persons plural also.

Dormir (ue -u):	duerma, -as, -a, d**u**rmamos, d**u**rmáis, duerman
sentir (ie -i):	sienta, -as, -a, s**i**ntamos, s**i**ntáis, sientan
pedir (i):	pida, -as, -a, p**i**damos, p**i**dáis, pidan

(*d*) Formation of the Imperfect Subjunctive

There are two forms, either of which can be used.

In *-ar* verbs:	-ase, -ases, -ase, -ásemos, -aseis, -asen
or:	-ara, -aras, -ara, -áramos, -arais, -aran
In *-er* or *-ir* verbs:	-iese, -ieses, -iese, -iésemos, -ieseis, -iesen
or:	-iera, -ieras, -iera, -iéramos, -ierais, -ieran

The stem is taken from the Past Historic Tense.

hablar	hablé	hablase **or** hablara
querer	quise	quisiese **or** quisiera
decir	dije	dijese **or** dijera
ser	fui	fuese **or** fuera, etc.

(*e*) The Imperfect Subjunctive in *-ara*, *-era* is sometimes used in place of the Conditional:

Quisiera or *querría* I should like
Vd. debiera or *Vd. debería* you ought, should

(*f*) The Perfect and Pluperfect Subjunctives are formed by the appropriate Subjunctive tense of *haber*.

Perfect Subjunctive:	haya hablado
Pluperfect Subjunctive:	hubiese (hubiera) hablado.

90. **Uses of the Subjunctive: In a Main Clause**

(*a*) As we have seen in Rule 65, the Subjunctive form may be used as a substitute for the various Imperative forms.

¡Hable Vd! Speak!
No diga (Vd.) nada Don't say anything

(*b*) It is also used to express a wish or exhortation.

Dios se lo pague May God reward him for it
¡*Que vengan todos*! Let them all come!
Baste decir que lo ha hecho
Suffice it (let it be sufficient) to say that he has done it
¡(*Que*) *viva el Presidente*! Long live the President!
¡*Viva Chile*! Long live Chile!
¡*Ojalá lo haga ahora*! Would that (I wish that) he would do it now!
(*Ojalá* = would that, I wish that)

When *let* means allow, permit, *dejar* or *permitir* is used.

Permítame hacerlo Permit me to do it
Déjame verla Allow me to see her

91. **Uses of the Subjunctive: In a Subordinate Clause**

(*a*) The Subjunctive is used in subordinate noun clauses after verbs of ordering, wishing, asking, forbidding, preventing, doubting, denying and advising, such as:

ordenar, *mandar*, *decir* to order
querer (*ie*), *desear* to wish
rogar (*ue*), *pedir* (*i*) to ask
prohibir to forbid
impedir (*i*) to prevent
dudar to doubt
negar (*ie*) to deny
aconsejar to advise

Rogar usually omits *que*.

Le rogué me hablase I asked him to speak to me
Quiere que vayamos He wants us to go
Dígale que espere Tell him to wait
Te pido que te expliques, *te ruego te expliques*
I ask you to explain yourself

La enfermedad me impidió que fuese The illness prevented me from going
El director ha mandado que lo hagamos ahora
The director has ordered us to do it now

Note the proverb:

Si tu mujer quiere que te tires de un tajo, ¡*pídele a Dios que sea bajo*!
If your wife wishes (orders) you to throw yourself off a cliff top, pray to God that it be a low one! ("Never argue with a woman")

(*b*) The Infinitive may be used if there is no change of subject.

Quiere hacerlo He wants to do it.

But:

Quiere que (*yo*) *lo haga* He wants ME to do it

Quiere que lo hagamos He wants US to do it
Quiere que lo hagan He wants THEM to do it

(*c*) The Infinitive may also be used instead of the Subjunctive after:

mandar, *dejar*, *permitir*, *prohibir*, *impedir* (*i*), *aconsejar*.
Nos mandó hacerlo He ordered us to do it
Le prohibió (*impidió*) *venir* He forbade him to come

92. The **Subjunctive** is used after verbs of emotion such as:

sentir (*ie -i*) to regret, be sorry
alegrarse (*de que*) to be glad
estar contento (*de que*) to be pleased
estar sorprendido (*de que*), *sorprenderse* (*de que*) to be surprised
temer to fear
esperar to hope
es lástima it is a pity
Siento mucho que no haya venido I am very sorry he has not come
Me alegro de que sean tan felices I am glad they are so happy
Espero que venga esta tarde I hope he will come this evening
Temo que sea cierto I am afraid it is certain
Es lástima que estén enfermos It is a pity they are ill

93. (*a*) Unless they state a certainty or fact, the **Subjunctive** is used after impersonal verbs such as:

es importante que, *importa que* it is important that
es posible que, *puede que* it is possible that
es menester que, *es preciso que*, *es necesario que* It is necessary that
basta que it is enough that
conviene que it is proper that
Es preciso (*necesario*, *menester*) *que Vd. pague más*

It is necessary { for you to pay more / that you pay more }

Basta que lo diga mi padre It is enough that my father should say it
Es posible que (*puede que*) *venga hoy*
It is possible (it may be that) he will come today

(*b*) The Indicative is used if the impersonal verb states a fact.

Es cierto que va a hacerlo It is certain that he is going to (will) do it
Es verdad que lo ha hecho It is true he has done it

But, used negatively, these verbs would take the Subjunctive, as they would no longer be stating a fact or certainty.

No es cierto que vaya a hacerlo.
No es verdad que lo haya hecho.

(*c*) As in Rule 91b, the Infinitive may be used if there is no change of subject.

Compare: *Es posible hacerlo* It is possible to do it
with *Es posible que lo hagamos* It is possible for us to do it

94. The **Subjunctive** is used after verbs of saying, thinking and believing when they are used interrogatively or negatively, i.e. when they raise a question of doubt or uncertainty.

No digo que sean horribles I am not saying that they are horrible
No creo que lo hayan hecho I don't think they have done it
¿Cree Vd. que lleguen mañana?
Do you think they will arrive tomorrow?

In the last example the Future Indicative could be used if the speaker wanted to suggest a certainty.

¿Cree Vd. que llegarán mañana?
Do you think they will arrive tomorrow?

95. (*a*) The **Subjunctive** is used after a negative or indefinite antecedent or after English words ending in "-ever". Again the suggestion is one of doubt or uncertainty.

No hay mal que cien años dure
There is no misfortune that can last a hundred years
¿Conoce Vd. alguien que me preste mil pesetas?
Do you know anybody who would lend me a thousand pesetas?
Haz lo que quieras Do what you like
No hemos encontrado un médico que pueda curarlo
We have not found a doctor who can cure it
Buscamos un hombre que hable español
We are looking for a man who speaks Spanish

(*b*) The last two examples suggest uncertainty, i.e. is there really a doctor who can cure it, or a man who can speak Spanish? If, however, one were stating a fact, the Indicative would be used and Personal *a* would also be needed, because one would now be referring to definite people.

Hemos encontrado a un médico que puede curarlo
We have found a doctor who can cure it (statement of fact)
Buscamos a un hombre que habla español
We are looking for a man who speaks Spanish (there is a definite man who speaks Spanish)

(*c*) Likewise with words ending in "-ever", the Subjunctive is used when not stating a fact.

Dondequiera wherever
quienquiera whoever
cualquiera however
cuando quiera whenever
Quienquiera que sea Whoever he is (may be)
Dondequiera que vivan Wherever they (may) live

96. (*a*) The **Subjunctive** is used in subordinate clauses after conjunctions like:

para que, a fin de que, a que in order that, so that
sin que without
a condición de que on condition that
a menos que unless
con tal que, siempre que provided that
de modo que, de manera que so that
aunque although, even if

Trabaja mucho a fin de que (para que) podamos vivir aquí
He works hard in order that we may be able to live here
Lo hice sin que lo supiesen I did it without their knowing it
Nos iremos a menos que venga inmediatamente
We will go away unless he comes immediately
Me llevó a Valencia a que viese a mi novia
He took me to Valencia in order that I might see my fiancée

De modo que, de manera que, so that, take the Subjunctive only when purpose is indicated.

Fue a la ciudad de modo que pudiésemos verle
He went to the city so that we could see him.

When result is indicated, the Indicative follows.

Llovió todo el día, de modo que estábamos calados hasta los huesos
It rained all day, so that we were soaked to the skin

(*b*) *Aunque,* although, takes the Subjunctive, but not when it states a fact.

Compare: *Aunque viaje todo el día, no llegará a tiempo*
Although (even if) he travels all day, he will not arrive in time

with: *Aunque era inglés, nunca aprendió a hablar inglés*
Although he was English, he never learnt to speak English

(*c*) As in Rules 91b and 93c, the Infinitive may follow if there is no change of subject.

Trabaja mucho para poder vivir aquí
He works hard in order to be able to live here
Lo hice sin saberlo I did it without knowing it

97. The **Subjunctive** is used after the following conjunctions of time, **when Future time is suggested.**

cuando, when; *antes (de) que,* before; *después (de) que,* after; *mientras (que),* while; *en cuanto que, luego que,* as soon as; *hasta que,* until.
Se lo enseñaremos cuando Vd. llegue
We will show it to you when you arrive
Esperaré aquí hasta que pague I will wait here until he pays
Comprará un periódico cuando venga
He will buy a newspaper when he comes

Antes que te cases, mira lo que haces
Before you get married, take care what you do
(Proverb: "Look before you leap".)

If these conjunctions are followed by a statement of fact, the Indicative is used.
Se lo enseñamos cuando llegó We showed it to him when he arrived
Esperé hasta que pagó I waited until he paid
Siempre compra un periódico cuando viene
He always buys a paper when he comes

98. **"If" Clauses**

(*a*) The Subjunctive is used in an "if" clause if the condition is (or was) unlikely to be fulfilled or impossible of fulfilment.

Si yo tuviese (tuviera) dinero, viviría en el mejor hotel
If I had money, I would live in the best hotel
Si hubiese (hubiera) venido mi tío, yo hubiera (habría) podido salir
If my uncle had come, I would have been able to go out
Si pecar fuera virtud, todos seríamos santos
If to sin were a virtue, we would all be saints (Proverb)

(*b*) The Indicative is used if the condition is possible or likely to be fulfilled.

Si viene, saldremos If he comes, we shall go out
Si viene mi tío, nos dirá las noticias
If my uncle comes, he will tell us the news
Si bebes para olvidar, ¡paga antes de beber!
If you drink in order to forget, pay before you drink! (Notice in a café)

(*c*) The Future and Conditional are not used in "if" clauses, unless "if" means "whether".

No sé si lo hará I don't know if (whether) he will do it
No sabíamos si llegaría a tiempo
We did not know if (whether) he would arrive on time

99. **Future Subjunctive**

Hablare (viviere, comiere), -es, -e, -emos, -éis, -en.
The Future Subjunctive, now replaced by the Present Indicative or Subjunctive, is rarely used in modern colloquial Spanish and should be avoided. It still survives in proverbs, legal phrases and a few idioms.

100. **Sequence of Tenses in the Subjunctive**

(*a*) If the main verb is Present, Future or Imperative, the verb in the dependent clause will be Present or Perfect Subjunctive.

Siento que estén enfermos I am sorry they are ill
Siento que lo haya hecho I am sorry he has done it

(*b*) If the main verb is in the Conditional or any Past tense, the verb in the dependent clause will be Imperfect or Pluperfect Subjunctive.

Lo ha hecho sin que le viesen He has done it without their seeing him
Lo hizo para que nos ayudasen He did it in order that they might help us
Sentía que lo hubiesen hecho He was sorry they had done it

101. **Government of Verbs**

(*a*) The following verbs take a preposition in English, but not Spanish (except Personal *a*, as in Rule 9).

agradecer to thank for
aguardar, *esperar* to wait for
aprovechar to profit from (by)
escuchar to listen to
extrañar to be surprised at
pagar to pay for
pedir to ask for
señalar to point to
buscar to look for
mirar to look at

Examples:

Esperamos (aguardamos) el tren We are waiting for the train
Busca la moneda He is looking for the coin
Escuchan la música They listen to the music
Me pidió dinero He asked me for money
Mira el mar He looks at the sea

(*b*) *Mirar* is sometimes used with *a*.

Mi cuarto mira al jardín My room faces the garden
Mirar por translates "to look through".
Miran por la ventana They look through the window

(*c*) *Pagar* sometimes takes *por* or *a*.

Pagué el libro I paid for the book
Pagué cien pesetas I paid 100 pesetas
Pagué cien pesetas por el libro I paid 100 pesetas for the book
Pagué cien pesetas al médico I paid (to) the doctor a hundred pesetas

102. **Verbs taking Two Objects**

Some verbs, in addition to taking the ordinary object, also take the dative case, which is here translated by "to, for, from".

agradecer to thank for
comprar to buy from
esconder, *ocultar* to hide from
robar to steal from
pedir to ask for
perdonar to pardon for
quitar to take from

Examples:

Me agradeció el regalo He thanked me for the present
Se lo compré a mi hermano I bought it from my brother
Se lo ocultaron a su padre They hid it from his father
Se lo perdona todo He pardons him for everything
Le robó el reloj al joyero He stole the watch from the jeweller
Le pidió a Juan el dinero He asked Juan for the money

103. **Verbs taking *a* before a Noun or Pronoun**

aproximarse a, *acercarse a* to approach
asistir a to be present at
asomarse a (or *por*) to lean out of, appear at, look through (a door or window)
contestar, *responder a* to answer
jugar (*ue*) *a* to play (*game*)
renunciar a to renounce
resistir a to resist
sobrevivir a to survive

Examples:

Se aproximaban (*se acercaban*) *a la aldea* They were approaching the village
Renunció a su promesa He renounced his promise
Resistieron a la idea They resisted the idea
Sobrevivió a la batalla He survived the battle
Jugaban al fútbol They were playing football
Se asoma a la ventana He appears at the window
No contestó a mi pregunta He did not answer my question

Note also:

Oler a to smell of — *Olía a vino* He smelt of wine
Saber a to taste of — *Sabe a queso* It tastes of cheese

104. **Verbs taking *de* before a Noun or Pronoun**

acordarse (*ue*) *de* to remember
cambiar de, *mudar de* to change
carecer de to lack
compadecerse de to be sorry for
darse cuenta de to realize
depender de to depend on
desconfiar de to mistrust
dudar de to doubt
enamorarse de to fall in love with
gozar de, *disfrutar de* to enjoy
apiadarse de to take pity on
maravillarse de to wonder at
pasar de to exceed
reirse de to laugh at
servir de (also *para*, *como*) to serve as
sospechar de to suspect
tirar de to pull, drag
triunfar de to triumph over
usar de to use
enterarse de to enquire about

Examples:

No me acuerdo de ella I don't remember her
Cambió de tren He changed trains
Se mudó (*se cambió*) *de traje* He changed his suit
Depende de lo que diga mi padre It depends on what my father says (may say)
No se dio cuenta de eso He did not realize that
Sirve de cama It serves as a bed
Se enamoró de la chica He fell in love with the girl

105. **Verbs taking Other Prepositions before a Noun or Pronoun**

(*a*) With *con*:

casarse con to marry

contar (*ue*) *con* to rely on, count on
cumplir con to fulfil
dar con to find, come across
soñar (*ue*) *con* to dream of
tropezar (*ie*) *con* to come across, run into
vivir con (or *de*) to live on

Examples:

Se casó con María He married Mary
Contamos con Vd. We are relying on you
Dio con mi amigo He came across my friend

Cumplir is sometimes found with *con* in the sense of "to do one's duty".

He cumplido con mi deber I have done my duty

(*b*) With *en*:

beber en to drink out of
consentir (*ie -i*) *en* to consent to
consistir en to consist of
convenir en to agree to
fumar en pipa to smoke a pipe
pensar (*ie*) *en* to think of (about)
reparar en to notice

Examples:

Consintió en la visita He consented to the visit
Nunca piensa en ello He never thinks of it

(*c*) Some verbs use different prepositions with subsequent changes of meaning.

acordarse (*ue*) **de** to remember
acordarse (*ue*) **con** to agree with
contar (*ue*) to count, tell
contar (*ue*) **con** to count on
convenir **a** to suit
convenir **con** to agree with
entender (*ie*) to understand
entender (*ie*) **de** to be an expert in

(*d*) *Pensar* (*ie*) takes *de* when opinion is asked.

¿Qué piensa Vd. de la situación? What do you think about the situation?

Otherwise *en* is used.

No piensa en la situación He does not think about the situation

Note also:

(*e*) *Pensar* (*ie*). *Piensa hacerlo* He thinks he will do it. He intends to do it

Points to note with Various Verbs

106. (*a*) Distinguish between *saber*, to be able to, to know how to, and *poder*, to be able (if circumstances permit).

Sabe conducir el coche
He can drive the car (he knows how to, has learnt how to)
¿Sabe Vd. tocar la guitarra?
Can you play the guitar? (do you know how to, have you learnt how to)

But *poder* is used if circumstances intervene.

Su madre está enferma y no puede venir
Her mother is ill and cannot come
Ha bebido demasiado y no puede conducir el coche
He has drunk too much and can't drive the car

(*b*) *Saber*, to know a fact (something learnt).
Conocer to know, be acquainted with.

No sabe la verdad He does not know the truth
Conoce al gerente (*a mi amigo*) He knows the manager (my friend)
Conocen el camino (*el hotel*, *la playa*)
They know the road (the hotel, the beach)

(*c*) Note: *supe*, I learnt, found out; *sabía*, I knew

Que yo sepa so far as I know
saber a to taste of
Yo lo sé I know
Los conoció ayer He met them (made their acquaintance) yesterday

107. **Translation of "to ask"**

Preguntar, to ask a question.

pedir (*i*), to ask for
pedir (*i*), *rogar* (*ue*), with Subjunctive, to ask someone to do something

Le pregunté cómo lo hacía I asked him how he did it
Pidió nuestros pasaportes He asked for our passports
Te pido que lo hagas I ask you to do it

Que is usually omitted after *rogar*.

Te ruego lo hagas I ask you to do it
Te ruego aceptes este regalo Please (I ask you to) accept this present

108. **"To like"**

Querer is generally used for persons, *gustar* for things.

Quiere a su hermana He likes your sister
Si tú me quieres a mí, yo te quiero a ti If you like me, I like you

Querer, *adorar* are generally used for *amar*, to love, which is a poetic and literary verb.

Gustar is generally used impersonally.

A mí me gusta este hotel I like this hotel
Le gusta el campo a Emilia Emilia likes the country
Nos gustan las manzanas We like apples

Occasionally one finds *gustar* used personally with *de*.

¿Gusta Vd. del vino? Do you like the wine?
Si Vd. gusta If you like

109. **Translation of "must, ought to, have to"**

(*a*) *Tengo que hacerlo* I must (am forced to) do it (emphatic)
Debo hacerlo I must, ought to, do it (less emphatic)
He de hacerlo I am to do it (less emphatic)
Hay que hacerlo One must do it (Rule 76a)

(*b*) *Deber* also means "to owe".

Les debo quinientas pesetas I owe them five hundred pesetas

Deber de is used for conclusion or probability.

Debe de estar muy enojado He must be very angry
Son las cuatro. Debe de ser Federico It's four o'clock. It must be Fred

Be careful with the translation of must have, ought to have.

Debieron acostarse muy tarde They must have gone to bed very late
Hubiera (habría) debido decírselo He ought to have told her

The Conditional or Imperfect Subjunctive in *-ra* can be used when *should* means *ought*.

Debería (debiera) partir mañana He should (ought to) leave tomorrow

110. **Translation of "may" and "might"**

This is usually translated by *poder*.

Puede ser It may be
¡Qué rico pudo haber sido Enrique! How rich Henry might have been!
Pudieron (podrían) haber ido a verle They might have gone to see him
¿Se puede (entrar)? May I (one, we) come in?
Puede (es posible) que lo hagan It may be that they will do it
Era posible que lo hicieran (hiciesen) It was possible that they might do it

111. *Caber*, to be contained in, have enough room

No cabrá en esta habitación nuestro equipaje
Our luggage will not go into (be contained in) this room
Cabe en la maleta There is room for it in the suitcase
No cabe más There is no room for more
No cabe duda There is no (room for) doubt

112. *Faltar, hacer falta,* to be lacking, in need of

Me hace falta una casa I need a house
Me falta un poco de cerveza I need a little beer
Me faltan catorce pesetas I am short of fourteen pesetas
¡No faltaba más!
How absurd! What nonsense! All we needed was that!

113. *Dejar caer,* to drop

Dejó caer todos los huevos He dropped all the eggs
La botella se le cayó de la mano
The bottle dropped (fell) from his hand

114. **Translation of "please"**

Haga Vd. el favor de hacerlo
Tenga Vd. la bondad de hacerlo } Please do it
Sírvase hacerlo
La cuenta, por favor The bill, please

115. **To return**

Regresó a casa He returned home
Volvió a España He returned to Spain
Devolver to give back
Devolvió todo el dinero He returned (gave back) all the money
Volverse (ue) to turn round
Se volvió cuando entré He turned round when I entered
Volver a to do again
Volvió a hacerlo He did it again

116. *Acabar de* to have just

With this meaning, *acabar* is used only in the Present and Imperfect Tenses.

Acaba de comerlo He has just eaten it
Acababa de morir He had just died

Acabar also means to finish, end.

Acabó de trabajar He finished working
Acabó la tarea He finished the task
Acabamos por hacerlo We finished by doing it

117. *Soler,* to be accustomed to

This verb is used only in the Present, Imperfect and Perfect Tenses. It often translates "used to, generally, usually".

Suele levantarse a las ocho He usually gets up at eight o'clock
Solía pasar mis vacaciones allí I usually spent my holidays there
Solía desayunarse en el café de enfrente
He used to have breakfast in the café in front

118. *Valer*, to be worth

¿Cuánto vale? Vale quince pesetas
How much is it worth? It is worth fifteen pesetas

Note the common idiom *más vale*, it is better.

Más vale ir a verle It is better to go and see him
Más valdría no decir nada It would be better to say nothing

119. **Common idioms with *dar*, to give**

Dar un paseo (a pie) to go for a walk
Dar un paseo en coche to go for a drive
Dar una vuelta to take a stroll
Dan las cinco it is striking five
Da a la plaza it overlooks (gives on to) the square
Dio con mi padre he met (ran into) my father
Les dio las buenas noches he wished them good night

120. *Servir (i) para, servir de*, to be used for; *servirse de*, to make use of

Esta sala sirve de (para) despacho This room serves as an office
¿De qué le sirve a Vd. hacer eso? What's the use of doing that?

121. *Hacerse, ponerse*, to become

Mi tío se hizo rico My uncle became rich
Se hacía viejo He was getting old
Mi hermana se puso pálida My sister turned pale
Se puso colorado He blushed

Ponerse also means to set.

El sol se pone The sun sets

Ponerse a, to begin to.

Se pusieron a trabajar They began to work

122. **To go**

Ir, to go *Fue a la casa* He went to the house
Vamos a hacerlo Let us do it, we are going to do it
Andar, to go, is also used for machines.
Mi reloj no anda My watch is not going
Anduvo He went
(The Past Historic is a frequent source of error and should be noted)

to go out, *salir*
to go into, *entrar en*
to go up, *subir, ascender*
to go near, *acercarse* **a** (but *cerca* **de**)
to go to bed, *acostarse (ue)*

to go to sleep, *dormirse* (*ue -u*)
He goes away *Se va, se marcha*

Note the use of the prepositions with *donde*.

¿A dónde va Vd? Where are you going?
¿De dónde viene? Where does he come from?

123. *Esperar*, to hope, wait for

Esperamos el tren We are waiting for the train

Note the difference in:

Espero que lo haga I hope he will do it
Esperamos hasta que lo haga We are waiting until he does it

Also:

Es de esperar que llegue temprano
It is to be hoped that he will arrive early

TABLE OF VERBS

124. Regular verbs, all tenses, are drawn up in Rule 61.

Ser, *estar*, *haber*, *tener*, in all tenses, are drawn up in Rule 62.

125. For Radical-changing verbs, see Rules 63 and 89c.
For verbs with changes of spelling, see Rule 67.

126. **Table of Irregular Verbs**

For endings of the Present Subjunctive, see Rule 89a, Imperfect Subjunctive, Rule 89d, Conditional, Rule 81e. Irregular forms are in heavy type.

Present Infinitive *Gerund* *Past Participle*	*Present* *Indicative*	*Imperfect* *Indicative*	*Past Historic*	*Future* *Conditional*
andar, *to walk* andando andado	ando andas anda andamos andáis andan	andaba	**anduve** **anduviste** **anduvo** **anduvimos** **anduvisteis** **anduvieron**	andaré andaría
Imperative anda, andad	*Pres. Subj.* ande		*Imperf. Subj.* **anduviera** **anduviese**	

Present Infinitive *Gerund* *Past Participle*	*Present* *Indicative*	*Imperfect* *Indicative*	*Past Historic*	*Future* *Conditional*
caber, *to fit in* cabiendo cabido	**quepo** cabes cabe cabemos cabéis caben	cabía	**cupe** **cupiste** **cupo** **cupimos** **cupisteis** **cupieron**	**cabré** **cabría**
Imperative cabe, cabed	*Pres. Subj.* **quepa**		*Imperf. Subj.* **cupiera** **cupiese**	
conducir, *to lead, drive* conduciendo conducido	**conduzco** conduces conduce conducimos conducís conducen	conducía	**conduje** **condujiste** **condujo** **condujimos** **condujisteis** **condujeron**	conduciré conduciría
Imperative conduce, conducid	*Pres. Subj.* **conduzca**		*Imperf. Subj.* **condujera** **condujese**	
caer, *to fall* **cayendo** caído	**caigo** caes cae caemos caéis caen	caía	caí caíste **cayó** caímos caísteis **cayeron**	caeré caería
Imperative cae, caed	*Pres. Subj.* **caiga**		*Imperf. Subj.* **cayera** **cayese**	
dar, *to give* dando dado	**doy** das da damos dais dan	daba	**di** **diste** **dio** **dimos** **disteis** **dieron**	daré daría
Imperative da, dad	*Pres. Subj.* dé		*Imperf. Subj.* **diera** **diese**	

Present Infinitive *Gerund* *Past Participle*	*Present* *Indicative*	*Imperfect* *Indicative*	*Past Historic*	*Future* *Conditional*
decir, *to say*	**digo**	decía	**dije**	**diré**
diciendo	**dices**		**dijiste**	**diría**
dicho	**dice**		**dijo**	
	decimos		**dijimos**	
	decís		**dijisteis**	
	dicen		**dijeron**	
Imperative	*Pres. Subj.*		*Imperf. Subj.*	
di, decid	**diga**		**dijera**	
			dijese	
hacer, *to do, make*	**hago**	hacía	**hice**	**haré**
haciendo	haces		**hiciste**	**haría**
hecho	hace		**hizo**	
	hacemos		**hicimos**	
	hacéis		**hicisteis**	
	hacen		**hicieron**	
Imperative	*Pres. Subj.*		*Imperf. Subj.*	
haz, haced	**haga**		**hiciera**	
			hiciese	
ir, *to go*	**voy**	**iba**	**fui**	iré
yendo	**vas**	**ibas**	**fuiste**	iría
ido	**va**	**iba**	**fue**	
	vamos	**íbamos**	**fuimos**	
	vais	**ibais**	**fuisteis**	
	van	**iban**	**fueron**	
Imperative	*Pres. Subj.*		*Imperf. Subj.*	
ve, id	**vaya**		**fuera**	
			fuese	
oir, *to hear*	**oigo**	oía	oí	oiré
oyendo	**oyes**		oíste	oiría
oído	**oye**		**oyó**	
	oímos		oímos	
	oís		oísteis	
	oyen		**oyeron**	
Imperative	*Pres. Subj.*		*Imperf. Subj.*	
oye, oíd	**oiga**		**oyera**	
			oyese	

Present Infinitive *Gerund* *Past Participle*	*Present* *Indicative*	*Imperfect* *Indicative*	*Past Historic*	*Future* *Conditional*
poder, *to be able*	**puedo**	podía	**pude**	**podré**
pudiendo	**puedes**		**pudiste**	**podría**
podido	**puede**		**pudo**	
	podemos		**pudimos**	
	podéis		**pudisteis**	
	pueden		**pudieron**	
Imperative	*Pres. Subj.*		*Imperf. Subj.*	
puede, poded	**pueda**		**pudiera**	
			pudiese	
poner, *to put*	**pongo**	ponía	**puse**	**pondré**
poniendo	pones		**pusiste**	**pondría**
puesto	pone		**puso**	
	ponemos		**pusimos**	
	ponéis		**pusisteis**	
	ponen		**pusieron**	
Imperative	*Pres. Subj.*		*Imperf. Subj.*	
pon, poned	**ponga**		**pusiera**	
			pusiese	
querer, *to want, like*	**quiero**	quería	**quise**	**querré**
queriendo	**quieres**		**quisiste**	**querría**
querido	**quiere**		**quiso**	
	queremos		**quisimos**	
	queréis		**quisisteis**	
	quieren		**quisieron**	
Imperative	*Pres. Subj.*		*Imperf. Subj.*	
quiere, quered	**quiera**		**quisiera**	
			quisiese	
saber, *to know*	**sé**	sabía	**supe**	**sabré**
sabiendo	sabes		**supiste**	**sabría**
sabido	sabe		**supo**	
	sabemos		**supimos**	
	sabéis		**supisteis**	
	saben		**supieron**	
Imperative	*Pres. Subj.*		*Imperf. Subj.*	
sabe, sabed	**sepa**		**supiera**	
			supiese	

Present Infinitive *Gerund* *Past Participle*	*Present Indicative*	*Imperfect Indicative*	*Past Historic*	*Future* *Conditional*
salir, *to go out* saliendo salido	**salgo** sales sale salimos salís salen	salía	salí saliste salió salimos salisteis salieron	**saldré** **saldría**
Imperative **sal**, salid	*Pres. Subj.* **salga**		*Imperf. Subj.* saliera saliese	
traer, *to bring* **trayendo** traído	**traigo** traes trae traemos traéis traen	traía	**traje** **trajiste** **trajo** **trajimos** **trajisteis** **trajeron**	traeré traería
Imperative trae, traed	*Pres. Subj.* **traiga**		*Imperf. Subj.* **trajera** **trajese**	
valer, *to be worth* valiendo valido	**valgo** vales vale valemos valéis valen	valía	valí valiste valió valimos valisteis valieron	**valdré** **valdría**
Imperative **val,** valed	*Pres. Subj.* **valga**		*Imperf. Subj.* valiera valiese	
venir, *to come* **viniendo** venido	**vengo** **vienes** **viene** venimos venís **vienen**	venía	**vine** **viniste** **vino** **vinimos** **vinisteis** **vinieron**	**vendré** **vendría**
Imperative **ven,** venid	*Pres. Subj.* **venga**		*Imperf. Subj.* **viniera** **viniese**	

Present Infinitive *Gerund* *Past Participle*	*Present Indicative*	*Imperfect Indicative*	*Past Historic*	*Future* *Conditional*
ver, *to see*	**veo**	**veía**	vi	veré
viendo	ves	**veías**	viste	vería
visto	ve	**veía**	vio	
	vemos	**veíamos**	vimos	
	veis	**veíais**	visteis	
	ven	**veían**	vieron	
Imperative	*Pres. Subj.*		*Imperf. Subj.*	
ve, ved	**vea**		viera	
			viese	

NEGATION

127. (*a*) A verb is made negative by adding *no*.

No viene He is not coming
No están allí They are not there
No se lo ha dado He has not given it to him

(*b*) Note other ways of translating no, not, none.

No tiene pan He has no bread
No tiene ningún pan He has no bread
No tiene pan alguno He has no bread at all
No tengo ninguno I have none, I have not any
Ninguna de las hijas Not one of the daughters

The double negative is used with negative words when they follow the noun.

No tiene nada He has nothing
No ha venido nadie No one has come
No he visto a nadie I have seen no one
No lo hace nunca (jamás) He never does it

The *no* is dropped if these words precede the noun or if they stand alone.

Nada ha ocurrido Nothing has happened
Nadie ha venido Nobody has come
Nunca(jamás) lo hace He never does it
¿Quién ha venido? Nadie Who has come? Nobody
¿Qué ha hecho Vd? Nada What have you done? Nothing
No la he visto más I have not seen her again
Nunca dicen nada a nadie They never say anything to anyone
No tenemos ni pan ni mantequilla We have neither bread nor butter
Ni Juan ni Felipe vendrán Neither John nor Philip will come
Ni yo tampoco Neither am (will, have, did, etc.) I

Ni siquiera mi hermana Not even my sister
De nada Not at all, don't mention it
De ningún modo, de ninguna manera Not at all, in no way

128. *¿No es verdad? ¿Verdad?* or *¿No?* translates the equivalent of the French *n'est-ce pas?*, i.e. is he?, can he?, are you?, will they?, etc.

Los ha visto ¿verdad? He has seen them, has he?
Es muy inteligente ¿verdad? He is very intelligent, isn't he?

But note:

Yo voy al café. — ¿Y Vd? I am going to the café. Aren't you?

129. **Other Negatives**

Creo que no I don't think so
Dicen que no They say "No"
Ahora no Not now
Aquí no Not here
Todavía no Not yet
¿Por qué no? Why not?
¿Cómo no? Why not?
No obstante Nevertheless
No bien No sooner
No sin dinero Not without money
En su vida ha hecho tal cosa Never has he done such a thing

130. **Letter-writing and Forms of Address**

(*a*) *The opening*. This is followed by a colon:

For business letters:

Muy señor mío: Dear Sir
Muy señores (nuestros): míos: Dear Sirs, Gentlemen
Muy señora mía: Dear Madam

In less formal styles:

Muy señor mío y amigo: My dear Sir and friend
Muy apreciado amigo: } My dear friend
Estimado amigo: }

Familiar style:

Querido Juan: Dear John
Mi querida Conchita: My dear Conchita

(*b*) *The endings*.

For business letters.

Quedo de Vd. atento y S.S. Q.E.S.M. } (I, we remain),
Quedamos de Vd. atentos y SS. SS. Q.E.S.M. } yours faithfully.

Atento y S.S. means *atento y seguro servidor* (plural *SS. SS.* "*seguros servidores*") your attentive and faithful servant(s).

Q.E.S.M. stands for *que estrecha su mano*, who shakes your hand.

A very formal expression, *Q.B.S.M.*, which stands for *que besa sus manos*, who kisses your hands, is sometimes used when writing to a woman.

Less formal endings.

Con un cordial apretón de manos With a cordial shake of the hand
Siempre de Vd. S.S. y amigo, or: } Yours
Soy de Vd. su buen amigo y S.S. }

Familiar endings.

Tu hijo que te quiere, Juan Your loving son, John
Te abraza tu hijo Juan Your son John embraces you

(*c*) *The envelope*

Sr. Don Juan Carlos Jiménez,
Calle Juan Pérez, 16,
Denia,
(Alicante),
España.

Abbreviations on envelopes.

Mr. *señor; Sr.*
Mrs. *señora; Sra.*
Miss *señorita; Srta.*
Messrs. señores; Sres.

Sometimes, in a block of flats, the first, second, third, etc., floors are shortened to: 1°, 2°, 3°.

Thus:

Calle Juan Pérez 25 — 3°

131. **A Spaniard's Name**

(*a*) A Spaniard usually adds his mother's family name after his own. Mr. González might write his name thus:

El señor Don Felipe González Benavides.

If la señorita Rosita Ríos Ibáñez marries el señor Felipe González Benavides, her (full) name changes to Señora Rosita Ríos de González. She would also be known as Señora González or la señora de González.

(*b*) The titles señor, señora, señorita are used with the article, except in direct address.

El señor Martínez, but: *Buenos días, señor Martínez.*

The titles *don*, *doña*, for which there is no real English translation, are used if the Christian name is mentioned.

La señora Doña Emilia Herrera de Ibáñez
El señor Don Carlos Benavides Muñoz

Note also:

Señorito, "Master" (used by servants to the master of the house)
Caballero, Sir, gentleman (horseman)
Mi señora, My wife (also *mi esposa, mi mujer*)
El señor, *el amo*, the boss
El Señor, The Lord (God)

DIMINUTIVES AND AUGMENTATIVES

The Spaniards make considerable use of Augmentatives and Diminutives to convey an added shade of meaning. The forms in *-o* change to *-a* for the feminine.

132. **Diminutives**

(*a*) The commonest of these is *-ito*, *-(e)cito*. This ending expresses not merely smallness but also suggests a feeling of affection or pity on the part of the speaker, though it may also be used ironically:

la taza, cup *la tacita*, small cup
la copa, wineglass *la copita*, small wineglass
la casa, house *la casita*, cottage
Juan, John *Juanito*, Johnny
Ana, Anne *Anita*, Annie
Jaime, James *Jaimito*, Jimmy
un pueblo, town *un pueblecito*, a small town
poco, little *poquito*, very little
mi hija, my daughter *mi hijita*, my dear daughter
la voz, voice *la vocecita*, little voice, dear sweet voice
la abuela, grandmother *la abuelita*, granny
mi amiga, my friend *mi amiguita*, my girl friend.

(*b*) The ending *-illo*, *-(e)cillo* is less affected than *-ito*. It is used to express smallness, but can also suggest indifference or ridicule:

la ventana, window	*la ventanilla*, (small) window (car, train, etc.)
la chica, girl	*la chiquilla*, little girl, nice girl
el pan, bread, loaf	*el panecillo*, roll
la guerra, war	*la guerrilla*, skirmish
la alfombra, carpet	*la alfombrilla*, rug
el alcalde, mayor	*este alcaldillo*, this pip-squeak of a mayor ("El Alcalde de Zalamea")

(*c*) *-uelo*, *-(e)zuelo*, *-achuelo*. This diminutive is used to express smallness, but can also imply feelings of contempt or ridicule:

Venecia, Venice	*Venezuela*, "little Venice"
el río, river	*el riachuelo*, miserable little river, stream
el pintor, painter	*el pintorzuelo*, third-rate painter
el ladrón, thief	*el ladronzuelo*, petty thief
el rey, king	*el reyezuelo*, petty king
la piedra, stone	*la pedrezuela*, pebble.

133. **Augmentatives**

(*a*) The endings *-ón* (*-ona*), *-azo* (*-aza*) express size, but can also on occasions suggest clumsiness, awkwardness or grotesqueness:

la casa, house	*el caserón*, a great barracks of a house
la silla, chair	*el sillón*, armchair
la caja, box	*el cajón*, large box, drawer
la cuchara, spoon	*el cucharón*, ladle
el hombre, man	*el hombrón*, big man
la mujer, woman	*la mujerona*, big woman.

The ending *-azo* (*-aza*) stresses extreme size:

el hombrazo, large man
la mujeraza, hefty woman
el perrazo, big dog.

(*b*) The ending *-ote* (*-ota*) expresses largeness and is frequently used with contempt:

la palabra, word	*la palabrota*, swear word
grande, large	*grandote*, enormous.

(*c*) The endings *-aco*, *-acho*, *-astro*, *-ucho* express contempt or indifferent quality:

la casa, house	*la casucha*, shack, miserable house
el vino, wine	*el vinacho*, very poor wine
el vulgo, populace	*el vulgacho*, the riff-raff, dregs of the populace
el rico, rich man	*el ricacho*, very rich, nouveau rich
el animal, animal	*el animalucho*, wretched animal
el libro, book	*el librucho*, third-rate book
el abogado, lawyer	*el abogaducho*, third-rate lawyer
el poeta, poet	*el poetastro*, very indifferent poet
el político, politician	*el politicastro*, third-rate politician.

134. **Accentuation**

(*a*) When a Spanish word ends in a vowel, *n* or *s*, it is stressed on the penultimate (last but one) syllable:

grande andan pueblo lejos

(*b*) If a word ends in a consonant other than *n* or *s*, the stress falls on the last syllable:

contestar juventud localidad mayor comer

(*c*) If there is any variation on rules (*a*) and (*b*), it is always shown by the accent.

jardín periódico atención según está útil sillón

(*d*) The accent is also used to show the difference in meaning between two words spelt the same:

tú, you *tu*, your *él*, he *el*, the *sí*, yes *si*, if *té*, tea *te*, you, to you

(*e*) The accent is also used on interrogative words used in a question, direct or indirect, or in an exclamation.

¿Dónde están? ¿Qué hace? ¿Cuándo vendrá? ¡Qué idea!

(*f*) The accent is used to stress a weak vowel (*i* or *u*) which, in combination with a strong vowel, would otherwise be pronounced like a consonant:

día país tío frío grúa dúo púa cacatúa.

Contrast: hacia hacía
agua continúa

SPANISH-ENGLISH VOCABULARY

This vocabulary does not contain words which are the same or nearly the same in both languages.

A

abalanzarse to rush at full speed
el abanico fan
el abismo abyss
abrigarse to wrap up, take shelter
abrir to open
abrupto rugged, craggy
aburrir to bore
acabar to finish
acabar de to have just
acalorado hot, excited
el acantilado cliff
la acera pavement
acerca de about, concerning
acercarse a to approach
acertar (ie) to hit upon, guess
acoger to welcome
la acogida welcome
acomodado wealthy
acordarse (ue) de to remember
acostarse (ue) to go to bed
acostumbrado accustomed
la actitud attitude
adelantar to advance
adelante forward, ahead, onward
además (de) besides
adentro inside, within
admirarse de to wonder at, marvel at
aéreo air
afablemente pleasantly
afianzar to support
afuera outside
agarrar(se) to grasp, seize
la agencia de viajes travel agency
agotado exhausted
agradable pleasant
agradecer to thank for
el agrado pleasure, liking
agrícola agricultural
el agua water
aguantar to tolerate, bear
aguardar to wait (for)
el aguijón spur, prick, goad
el agujero hole
ahogarse to be drowned
ahora now
el aire libre fresh air
el ala (*f.*) wing
alcanzar to achieve, attain
la aldea village
alegrarse to be pleased
alegre happy, cheerful
el alivio relief
allá, allí there
el altavoz loudspeaker
alto tall, loud
el alumno pupil
alzarse to rise up
amable lovable
amanecer to dawn
el amante lover
amargamente bitterly
la amargura bitterness
ambos both
amenazador threatening
amenazar to threaten
el amigo, la amiga friend
el amor love
la amplitud extent
añadir to add
anchas: a sus anchas at one's ease
ancho wide
anciano old
anclar to anchor
andar to go
el andén platform
andino of the Andes
la angustia fear, anguish

animar to encourage
el año year
anoche last night
ansiado desired
ansiosamente anxiously
ante before, in the presence of
antes before
antiguo former, ancient
anunciar to announce
apacible gentle, affable, good-natured
aparcar to park
aparecer to appear
apartarse to step aside
el apellido surname
apenas hardly, scarcely
aplastar to flatten, squash
apoyar to support, lean
el apoyo support
aprender to learn
apretado thick, dense, tight
apretar (ie) to contract, squeeze
aprovechar to take advantage of
aproximarse to approach
apurado embarrassing, difficult
el apuro need, difficulty
aquí here
el árbol tree
arder to burn
el arrabal suburb
arrancar to pull out, start (train)
arrastrar to drag
arreglar to arrange, put in order
arrojarse to hurl oneself, rush
el ascensor lift
asesinar to murder
el asesino murderer
así so, thus
el asiento seat
la asignatura subject
asomar to show, allow to appear; **asomarse** to appear, peep
asombrado amazed
el asombro astonishment
asustar to frighten
atar to tie
la atención care, attention, courtesy
aterido numb
aterrado terrified
aterrizar to land
atinar con to find
atrapar to catch
atrás behind
atrasarse to be delayed
atravesar (ie) to cross
atreverse to dare
atroz atrocious
audaz bold
el aullido howl
aun even
aunque although
el autobús bus
el autor author
el auxilio help
el avión aeroplane
¡ay! alas!
ayer yesterday
la ayuda help
ayudar to help
la azafata air hostess
azotar to lash, whip
azul blue

B

la bahía bay
bailar to dance
bajar to lower, come down
bajo under, below; (*adj.*) low, short
balbuciente stammering
el banco bank, bench
el baño bath
la baranda, barandilla rail, railing
barato cheap
la barbaridad barbarity, rudeness
el barco ship
el barro mud
bastante enough
beber to drink
blanco white
blando soft
la boca mouth
la bocacalle side street
el bolsillo pocket, purse
bonito pretty
el borde edge
a bordo de on board

borracho drunk
la botella bottle
el brazo arm
la brecha opening, gap
breve short
brillar to shine
brincar to hop, jump
el brinco hop, leap
la brisa breeze
el bulto indistinct form
buscar to look for

C

el caballo horse
caber to be contained in
la cabeza head
cabo: al cabo de at the end of
cada vez más more and more
caer to fall
el café coffee, café
el cajón drawer
calado hasta los huesos soaked to the skin
el cálculo sum
calentar (ie) to warm
caliente warm, hot
callarse to be silent
la calle street
la callejuela lane, side street
el calor heat
la cama bed
el camarero waiter
cambiar to change
la campanilla small bell
el campo field, country
la canción song
candoroso simple, frank
cansado tired
el cantante singer
cantar to sing
la capa layer, cape
el capítulo chapter
el capricho whim
la cara face
el carbón coal
la carcajada loud laughter
la cárcel prison
la carga cargo
el carnet de conducir driving licence
caro dear
la carta letter
casarse con to marry
casero domestic
casi almost
el caso: hacer caso de to take notice of
la castañuela castanet
a causa de because of
causar to cause
la caza (wild) game
ceder to yield
la cena supper
centenares hundreds
cerca de near
cercano (*adj.*) near, nearby
cerrar (ie) to shut; **cerrar con llave** to lock
la cerveza beer
la cesta basket
el cielo sky, heaven
cierto certain, true
el cine cinema
la cita amorosa lovers' meeting
la ciudad city
la claridad light, brightness
claro of course; clear
el clima climate
el cobrador collector
cobrar afición a to take a liking to
el cobre copper
el coche car, carriage (train)
la cocina kitchen
coger to grasp, seize, catch
la cólera anger
colmar to heap, overwhelm
colocar to place
Colón Columbus
el combate fight, struggle
la combinación connection (train, bus)
el comedor dining room
comenzar (ie) to begin
comer to eat
el comerciante business man

comercio: la casa de comercio firm
la comida food, meal
como like, as, how, what?
cómodo comfortable
componerse de to be composed of
comprar to buy
comprender to understand
con with
el coñac brandy
conducir to drive, lead
conocer to know, meet
el conquistador conqueror
conquistar to conquer
conseguir (i) to succeed in
consentir (ie -i) to consent
construir to build, construct
con tal que provided that
contar (ue) to relate, tell
contestar to reply
contener to hold back
contra against
al contrario on the contrary
el convidado guest
convidar to invite
la copa glass
el corazón heart
la cordillera range of mountains
el cordón rope
el coro choir
el corredor corridor
correr to run
cortésmente courteously
corto short
la cosa thing
la costa coast
costar (ue) to cost
la costumbre custom
crecer to increase
creer to believe
la crema cream, ointment
la criada servant
el cristal pane of glass, mirror
Cristóbal Colón Christopher Columbus
cruzar to cross
cuando when
cuánto how much, how many, how long?
cuanto antes as soon as posssible
en cuanto as soon as
cuantos all those who
el cuarto de baño bathroom
los cuartos traseros hind quarters
cubrir to cover
el cuchicheo whispering
el cuento tale, story
la cuerda rope
el cuerpo body
el cuidado care
cuidar to care
la culebra snake
cundir to spread
cuál which, what?
cuyo whose

CH

el chico, la chica boy, girl
chillar to howl, scream
el chillido scream
el chiquillo small child

D

dar to give, strike (time)
dar un paseo (una vuelta) to take a stroll
darse cuenta de to realize
darse por vencido to admit defeat
darse prisa to hurry
debajo under
deber to owe; ought
decir to say
el dedo finger
dejar to leave, let, allow
dejar caer to drop
delante de in front of
demasiado too, too much
el demonio devil
denso thick
dentro (de) in, within
el deporte sport
derrotar to defeat
derrumbarse to collapse
desagradable disagreeable
desaparecer to disappear

desarrollarse to be developed
el desarrollo unfolding, development, solving
el desastre disaster
desconfiado suspicious
descortés discourteous
descubrir to discover
desde from, since
desear to desire, wish
desesperado desperate
la desgracia misfortune
desgraciadamente unfortunately
desierto deserted
desmayarse to faint
el despacho office
despacio slowly
despavorido terrified
despedirse (i) de to take leave of, say good-bye to
despertar (ie) to awaken
desplazarse to cross, move
el desprecio contempt
desterrar (ie) to exile
destruir to destroy
desvanecerse to vanish
el detalle detail
detrás de behind
el diablo devil
el dinero money
dirigir to direct
disculpar to pardon
discutir to discuss, argue
disponer to dispose; **disponerse a** to get ready to
diversos various, several
divertir (ie -i) to amuse
donde where
doler (ue) to hurt
el dolor pain
el domingo Sunday
dormir (ue -u) to sleep
el dormitorio bedroom
la duda doubt
el dueño owner
dulce sweet, pleasant
durante during
durar to last
duro hard

E

echar to throw
la edad age
educado well-bred, polite
el ejemplo example
el ejército army
empeorar to get worse
empezar (ie) to begin
el empleado clerk, employee, assistant
emprender to undertake
enamorarse de to fall in love with
encantar to delight
encender (ie) to light
encima de on top of
encogerse de hombros to shrug one's shoulders
encontrar (ue) to meet, find; **encontrarse** to be
enérgico energetic
enero (*f.*) January
enfadado annoyed
la enfermedad illness
enfermo ill
enflaquecer to grow weak or thin
enfurecerse to become infuriated
enojado annoyed
enseñar to show
ensordecer to deafen
enterarse de to find out about
entonces then
la entrada entrance
entrar to enter
entre between
enviar to send
el equipaje luggage
esbelto graceful, elegant
la escalera stairs, staircase
la escapada escape, escapade
el escaparate shop window
escaso limited, scanty
esconder to hide
la escopeta gun
escribir to write
el escudo coin, shield
la escuela school (junior)
esforzarse (ue) to struggle
el esfuerzo effort

el espacio space
la espalda back; **dar la espalda a** to turn one's back on
España (*f.*) Spain
español Spanish
espantar to frighten, daunt
espantoso frightful
el espectro ghost
la esperanza hope
esperar to hope, wait for
espeso thick
la esposa wife
la espuela spur
la esquina corner
esquivar to dodge, avoid
establecer to establish
la estaca stake
la estación season
el estacionamiento parking
estacionar to park
Estados Unidos United States
el estampido report
la estancia stay
el estanque pond
estrecho (*adj.*) narrow
el estrecho straits (sea)
la estrella star
estremecerse to tremble
el estrépito noise
el estribo spur
el estudio study
el estupor amazement
evitar to avoid
el examen exam
explicar to explain
el explorador explorer
extenderse (ie) to stretch out, extend
extensamente extensively
el extranjero foreigner, stranger
en el extranjero abroad
extraño strange

F

la fábrica factory
fabricar to manufacture
fácil easy
facilitar to provide
la faena task
faltar to lack
el fantasma ghost
la farmacia chemist's shop
el fastidio nuisance
fatigado tired
por favor please
la fechoría misdeed
feo ugly
feroz ferocious
fiado trusting
la fiebre fever
la fiesta party
la fila row, line
la filiación parentage, description
a fin de in order to
la fineza favour, kindness
fino fine, delicate, refined
la firma signature
la firmeza firmness
la física Physics
la fisiología Physiology
la flor flower
fogoso impetuous, fiery
el folleto brochure
el fondo bottom
forcejear to struggle
francés French
frente a facing
en frente de in front of
fresco fresh
la friega massage, rubbing
el frío cold
el fuego fire
fuera de outside
fuerte strong
la fuerza force, army, strength
fumar to smoke
fundar to found
el furor fury

G

las gafas glasses
la gallina hen
la gana inclination
ganadero (*adj.*) of cattle
ganar to win, gain, earn

gastar to spend, waste
la gente people
el gerente manager
glacial icy
el gobierno government
la golosina dainty food
gordo fat
el goterón large drop
gracias (*f.*) thanks
grato pleasant
grave(**mente**) serious(ly)
griego Greek
gritar to shout
el grito shout
guapo handsome, pretty
guardar to keep, guard
la guerra war
gustar to please
gusto: con mucho gusto with much pleasure

H

había there was, were
la habitación bedroom, house
de habla española Spanish-speaking
hablador talkative
hace (time) ago
hacer to do, make; **hacerse** to become
hacer caso to take notice
hacer cuentas to work out the account
hacer esperar to keep waiting
hallar to find; **hallarse**, to be
el hambre (*f.*) hunger
hasta up to, as far as, until
hay there is, are; **¿Qué hay?** What's the matter?
hecho un mar de lágrimas in floods of tears
heredar to inherit
herido injured, hurt
la hermana sister
hermoso beautiful
el hielo ice
el hierro iron
el hijo, la hija son, daughter
hilar to spin
el hocico snout, muzzle
el hogar home, hearth
el hombro shoulder
hondo deep
honrado honourable
horrorizarse de to be horrified at
horroroso dreadful
la hostilidad hostility
hoy today
la huerta (kitchen) garden
el huésped guest (hotel)
el huevo egg
la huída flight
huir to run away
humilde humble
hundirse to sink

I

el idioma language
la iglesia church
la imagen image
imborrable indelible
impedir (**i**) to prevent
impetuoso violent
no importa it does not matter
impulsado driven
incómodo uncomfortable
incorporarse to sit up; join
increíble incredible
indecible unspeakable
el, la indígena native, American Indian
el indio Indian
inesperado unexpected
inglés English
inmóvil motionless
el instituto school (secondary)
insubordinado rebellious
intentar to try
introducir to put in, thrust in
el invierno winter
la isla island
la izquierda left

J

el jardín garden
el jefe chief
el jinete horseman

el joven young man
la joya jewel
el juez judge
el juguete toy
junto a next to, close to
jurar to swear

L

el lado side
ladrar to bark
el ladrón thief
la lágrima tear
la lana wool
largo long
la lástima pity
la lección lesson
leer to read
lejano far
lejos far; **a lo lejos** in the distance
la lengua tongue
lento slow
levantar to raise; **levantarse** to get up; **levantar los ojos** to look up
levísimo very slight
librar to free; fight (battle)
libre free
la libreta notebook
el libro book
el limpiabotas shoe-cleaner
limpiar to clean
la línea aérea air line
loco mad
lograr to succeed in
lo que which
luchar to fight
luego soon, next
el lugar place
lúgubre mournful
la lumbre light, fire
la luna moon
la luz light

LL

la llama flame, fire
llamar to call
la llanura plain
la llegada arrival
llegar to arrive
llegar a ser to become
lleno full
llevar to carry, wear
llorar to weep
llover (**ue**) (**a cántaros**) to rain (cats and dogs)
la lluvia rain, shower
lluvioso rainy

M

la madera wood, timber
la madre mother
magnífico magnificent
maldecir to curse
mal educado ill-mannered
la maleza bush
malgastar to waste
malo bad, ill
la mañana morning, tomorrow
la manera manner
mandar to command, send
el mando command
la mano hand
la manzana apple
el manzano apple tree
la máquina machine, engine
el mar sea
maravilloso marvellous
marcharse to go away
mareado sea-sick
el marido husband
el marinero, marino sailor
más more, most
más adelante further on
más bien que rather than
matar to kill
el matorral undergrowth, thicket
mayor older, elder, greater
la mayoría majority
medianoche midnight
el médico doctor
medio (*adj.*) half
el medio means
mediodía midday
mejor better, best
mejorar to improve
menor least, younger, youngest

menos less, least, fewer, fewest
a menos que unless
la mentira lie
el mes pasado last month
la mesa table
el metro metre, yard
el miedo fear
mientras while
millares thousands
la mina mine
la mirada look, glance
mirar to look at
la misericordia pity
mismo same, self, very
la mitad half
el mitin meeting
de modo que so that
mojado soaked
molestar to trouble
el molino mill
el mono monkey
la montaña mountain
la morena dark girl, brunctte
morir (**ue -u**) to die
la mosca fly
mover(**se**) (**ue**) to move
el mozo porter, "boy", waiter
la mudanza change
los muebles furniture
el muerto dead man
la muestra sign, display
la mujer woman, wife
la multa fine
el mundo world
muy very

N

nacer to be born
nada nothing; **de nada** not at all
nadar to swim
nadie nobody
las narices nostrils, nose
naufragar to be shipwrecked
navegar to sail
necesitar to need
negarse (**ie**) to refuse
negro black
nervioso nervous
la niñez childhood
ninguno none
el niño, la niña child
ni siquiera not even
no obstante in spite of
la noche night
nombrar to name, call
el nombre name
la noticia news
la novedad novelty; **sin novedad** without incident
el noviazgo engagement
el novio, la novia boy (girl) friend, fiancé(e)
el número number
nunca never
nuevo new; **de nuevo** again

O

el objeto object
el obrero workman
obstruir to obstruct
ocultar to hide
ocuparse to be busy
ocurrir to happen, occur
el oficial officer
oir to hear; **¡oiga!** listen!
el ojo eye
la ola wave
olvidar(**se**) (**de**) to forget
opinar to be of the opinion
la orilla bank, shore
el oro gold

P

el padre father; **los padres** parents
la paga payment
pagar to pay for
el país country
el paisano peasant
el pájaro bird
pálido pale
la paloma pigeon
la panadería baker's shop
el paño cloth
el pañuelo handkerchief
el papel paper, part
el par pair

la parada stop (bus, tram); stand (taxi)
parar (se) to stop
parecer to appear
la pared wall
el pariente relation
partir to depart
el pasajero passenger
pasar to spend, pass, happen, come in
el pasatiempo hobby, pastime
pasear to walk
el pasillo corridor
el paso step
patalear to kick
patinar to skate
la patria native country
el patrón landlord, boss
el pedazo piece
pedir (i) to ask (for)
pegar to glue, stick, hit
la pelea quarrel; **pelearse** to quarrel
la película film
el peligro danger; **peligroso** dangerous
el pelo hair
pensar (ie) to think
peor worse
pequeño small
percibir to perceive
perder (ie) to lose
perdidamente madly, distractedly
perecer to perish
el periódico newspaper
el periodista journalist
pero but
el perro dog
el personaje character
pertenecer to belong
perturbado disturbed
el pésame sympathy
pesar to weigh
petrificado petrified
el pie foot; **a pie** on foot, standing
la piedra stone
la pierna leg
el pintor painter
pintoresco picturesque
el piso floor, flat
la plata silver
el plato plate, dish
la playa beach
la plaza square; **la plazoleta** small square
el plomo lead
pobre poor
poco a poco little by little
pocos few
podrido rotten
poner to put
ponerse to become, start; to set (sun); **ponerse en marcha** to set off (vehicle)
por ahí cerca near here
por cierto certainly
por fin at last, finally
por (lo) tanto therefore
la portezuela (small) door (car, train)
en pos de behind
posarse to settle, perch
potente powerful
el precio price
precioso pretty, precious
precipitarse to rush
es preciso it is necessary
preguntar to ask; **preguntarse** to wonder
el premio prize
preocupado worried
presentar to introduce, present
el presidio fortress, prison
la presión pressure
prestar to lend
primero first
el primo, la prima cousin
la prisa speed; **¡date prisa!** Hurry up!
producir to produce, cause
profundo deep
prohibir to prohibit, forbid
pronto soon
el propietario owner
la propina tip
proponer to propose

proporcionar to supply
próximo near, next
proyectar to project, show (film)
la psicología Psychology
el pueblo village, town
la puerta door
el puerto port
pues well, since, then
el punto point; **en punto** "on the dot", on time
el punto de vista point of view

Q

quebrarse (**ie**) to break (up)
quedar(**se**) to remain
quejarse to complain
las quemaduras del sol sunburn
querer to wish, want, love
querer decir to mean
querido dear
¡Qué va! Rubbish!
quien who, whom
la química Chemistry
quince días a fortnight
quitar to take off
quizá perhaps

R

la ráfaga squall
el rápido express
raro rare, strange
el rastro trace
la rata rat
el rato moment; **al poco rato** presently, shortly after
la raza racc, tribe
realizar to achieve, carry out
el rebaño flock, herd
rebelarse to rebel
la receta prescription
recibir to receive
recientemente recently
recio stout, strong
reclutar to recruit
recomendar (**ie**) to recommend
reconocer to recognize
recordar (**ue**) to remember
recorrer to cross, go through
el recuerdo souvenir, memory
referirse (**ie -i**) to refer
refugiarse to take refuge
regalar to give a present
el regalo present
regañar to scold
registrar to search
regresar to return
el regreso return
reintegrarse to be restored
reirse (**a carcajadas**) to laugh (loudly)
la reja window grating
el remedio remedy
rendirse (**i**) to surrender
renunciar to renounce
repentinamente, de repente suddenly
reprimir to repress
resbalar to slip
el resoplido snort
respirar to breathe
el resto remainder, rest
resultar to result, prove to be
el resumen summary
el retraso delay
el retrato portrait
reunir to reunite
el revés reverse, setback, disaster
la revista magazine
el rey king
la reyerta quarrel
robar to rob
rogar (**ue**) to ask
rojo red
romper to break
la ropa clothes
roto broken
rubio fair, blonde
ruborizado blushing
el ruido noise
el rumbo course, direction

S

saber to know
sacar to take out
sacudir to shake

la sala room; **sala de espera** waiting room
la salida exit, departure, start
salir to go out, depart
saltar to jump
salvar to save
la salud health
la sangre blood
santiguarse to make the sign of the cross
el santo saint
secar to dry
seguida: en seguida at once
seguido de followed by
seguir (**i**) to follow
según according to
seguro sure, safe
la selva jungle
la semana week
sencillo simple
el seno bosom
la señal signal, sign
sentado sitting
sentarse (**ie**) to sit down
el sentido del humor sense of humour
sentir (**ie -i**) to feel; **lo siento mucho** I'm very sorry
sepultar to bury
sereno sober, calm, serene
si if; why! But (emphatic)
siempre always
el siglo century
el signo sign
siguiente following
el silbido whistle
silencioso silent
el sillón armchair
simpático nice, kind, sympathetic
siniestro sinister
sin without; **sin embargo** nevertheless
sino but
(**ni**) **siquiera** not even
el sitio place
sobre on
sobre todo especially
sofocado suffocated, out of breath
el sol sun
el soldado soldier
soler (**ue**) to be accustomed
solícitamente anxiously, carefully
solo alone, only
soltar (**ue**) to release, let go, drop
el soltero bachelor
someterse to submit
sonar (**ue**) to sound
soñar (**ue**) **con** to dream of
sonreir to smile
la sonrisa smile
el soplo gust, breath
soportar to endure, tolerate
sorprender to surprise
la sorpresa surprise
sospechar to suspect
suavemente gently
subir to go up, get into, take up
súbitamente suddenly
suceder to happen
sucio dirty
la suegra mother-in-law
el suelo soil, ground
el sueño dream
la suerte luck, chance
la suma sum; **en suma** in short
el superviviente survivor
el suplemento extra fare
suponer to suppose
por supuesto of course
el suspiro sigh

T

tal such, such a
también also, too
tan . . . como so . . . as
el tañido peal (bell)
tantear to grope
tanto, tantos so much, so many; **en tanto** in the meantime
la tapa lid
la tapia wall
tardar to delay
la tarde afternoon
la tarea task
la taza cup
el teatro theatre

el tejado roof
tejer to weave
temblar (**ie**) to tremble
temer to fear
el temor fear
la tempestad tempest, storm
templado temperate
tener to have; **tener que** to have to; **¿Qué tiene?** What's the matter with him?
tercer third
el terremoto earthquake
terminar to end
el termómetro thermometer
la tertulia gathering, party
tibio warm, lukewarm
el tiempo time, weather
la tienda shop
la tierra land
el timbre bell (electric)
el tío, la tía uncle, aunt
tirar to throw, pull
el título title
tocar to touch, play (instrument) sound (siren)
todavía still, yet
todo el mundo everybody
todo lo posible everything possible
tomar to take
topar con to come across
el toque ring, alarm bell
en torno de around
trabajador hard-working
trabajar to work
el trabajo work, task, trouble
la traducción translation
traer to bring
la traición treason
traicionero treacherous
el traje suit, dress
tranquilo calm, quiet
el tránsito traffic
tratar de to deal with, try to
tratarse de to be a question of
a través across
tras after
el tren train
trepar to climb
triste sad
el triunfo triumph
el tronco trunk
la tropa troop
tropezar(**se**) (**ie**) **con** to come across
la turba crowd

U

último last, recent
único only, sole
unos cuantos some, a few
la uva grape

V

las vacaciones holidays
vacilar to hesitate
vago vague
valer to be worth; **¿Cuánto vale?** How much is it? **Más vale** it is better; **vale la pena** it is worth the trouble
el valor courage
vano vain
el vapor steamer
el vaquero cowboy
varios several
venir to come; **que viene** next
la ventaja advantage
la ventana window; **la ventanilla** small window
ver to see; **a ver** let's see
el verano summer
veras; **¿De veras?** Really?
la verdad truth
verdadero true
la vergüenza shame, embarrassment
el vestíbulo hall
la vez time; **de vez en cuando** from time to time; **otra vez** again; **en vez de** instead of
viajar to travel
el viaje journey
la vida life
viejo old
el viento wind
el vino wine
vivir to live
vivo alive, lively

vociferar to shout
volar to fly
la voluntad will
volver (**ue**) to return
la voz voice
el vuelo flight
la vuelta return; **estar de vuelta** to be back; **dar la vuelta al mundo** to go round the world

Y

ya now, already
el yacimiento deposit
el yugo yoke

Z

el zapato shoe

ENGLISH-SPANISH VOCABULARY

For points arising from Grammar, see Index, pages 237–240.

A

to abandon abandonar
to be able poder
about (concerning) de, acerca de
about thirty de unos treinta años
about (time) a eso de
to be about to estar a punto de
to accept aceptar
accident el accidente
to accompany acompañar
to ache doler (ue)
to achieve alcanzar, realizar
across a través de
actor, actress actor, actriz
to admit defeat darse por vencido
to advance adelantar
to advise aconsejar
to be afraid temer, tener miedo
after, afterwards después (de)
afternoon la tarde
again otra vez, de nuevo; volver a (Rule 85d)
ago hace
air (*adj.*) aéreo
by air por avión
aircraft el avión
air hostess la azafata
alarming alarmante
alarm bell la campana de alarma
all todo
all those who cuantos, todos los que
alone solo
along por
to allow dejar, permitir
already ya
although aunque
always siempre
ambition la ambición
to amuse oneself divertirse (ie -i)
and y
to get angry enojarse, enfadarse
to annoy enojar, enfadar
another otro
to answer contestar
anxious ansioso
anyone alguien
anything (*after negative*) nada
to apologize disculparse
to appear aparecer
apple la manzana
apple tree el manzano
to approach acercarse a
architect el arquitecto
Argentina la (República) Argentina
armchair la butaca, el sillón
army el ejército
to arrange arreglar
to arrive llegar
art el arte
as como
to ask (question) preguntar; **ask for** pedir (i); rogar (ue) (Rule 107)
as many . . . as tantos . . . como
at a
Atlantic el Atlántico
at once en seguida
to attack atacar
aunt la tía
autumn el otoño

B

bachelor el soltero
back (de) atrás
to be back estar de vuelta
balcony el balcón
bandit el bandido
bank (shore) la orilla
banquet el banquete
bar (barrier) la barrera
bath el baño
bathroom el cuarto de baño
battle la batalla
bay la bahía

beautiful hermoso
to be ser, estar (Rule 74)
beach la playa
because porque
to become hacerse, ponerse
bed la cama
to go to bed acostarse (ue)
bedroom la habitación, el dormitorio
beer la cerveza
before antes, antes de (que)
at the beginning of a principios de
behind detrás de
to believe creer
bell la campana
below bajo, debajo de
to do one's best hacer lo mejor posible
better, best mejor
it is better (+ *Infin.*) más vale
bird el pájaro
black negro
blue azul
to blush ruborizarse
on board a bordo
boat la barca, la lancha
book el libro
to get bored aburrirse
to be born nacer
bottle la botella
Brazil el Brasil
bread el pan
breakfast el desayuno
to bring traer
broken roto
brother el hermano
to build construir
bull el toro
to bury sepultar
bus el autobús
bush la maleza
busy ocupado
but pero, sino
butcher el carnicero
butter la mantequilla
to buy comprar
by por, de

C

to call llamar
calm tranquilo
can: use poder, saber (Rule 106)
capital (**city**) la capital
captain el capitán
to capture capturar
car el coche
to be careful tener cuidado
carefully solícitamente, cuidadosamente
case el caso
Catherine Catalina
to cease cesar de
centre el centro
century el siglo
(**a**) **certain** cierto
to change cambiar
chair la silla, el sillón (armchair)
character el carácter
charming encantador
cheap barato
cheek la mejilla
cheerful alegre
cheese el queso
chemist's shop la farmacia
chemistry la química
chief el jefe
child el niño
church la iglesia
cigarette el cigarrillo
cinema el cine
city la ciudad
class la clase
to clean limpiar
clever hábil, inteligente
cliff la peña, el acantilado
to climb trepar
to close cerrar(se) (ie)
cloth el paño
clothes la ropa
cloudy nublado
coast la costa
cold frío
to be cold (**person**) tener frío; (**weather**) hacer frío
to collapse derrumbarse
Columbus Colón

to come venir
to come across dar con, tropezar (ie) con
to come back volver (ue)
to come in entrar, pasar
to come out salir
to come up to acercarse a
to complain quejarse
conflict el conflicto
confusion la confusión
connection (**train, bus**) la combinación
to consent consentir (ie -i)
to consist of consistir en
consul el cónsul
to contain contener
to be contained in caber
to continue continuar, seguir (i)
to cook guisar
copper el cobre
corner (**outside**) la esquina
corridor el pasillo
to cost costar (ue)
cottage la casita
to cough toser
country (**opposed to town**) el campo; (**nation**) el país; (**native land**) la patria
course (**direction**) el rumbo
of course por supuesto
to cross atravesar (ie)
crowd la turba
crowded lleno de gente, apretado
custom la costumbre

D

to dance bailar
dangerous peligroso
to dare atreverse a
darkness la obscuridad
date la fecha
daughter la hija
to dawn amanecer
day el día
day after tomorrow pasado mañana
dead muerto
dear caro
December diciembre
to decide decidir(se) (a)
deck la cubierta
to dedicate dedicar
deep profundo
to be delayed atrasarse
to deny negar (ie)
to depart irse, marcharse, partir
to depart for salir para
to depend (**on**) depender (de)
depth la profundidad, lo profundo
to describe describir
detail el detalle
to develop desarrollar
to die morir (ue -u)
difficult difícil
difficulty la dificultad
dining room el comedor
in the direction of hacia
in all directions por todos lados
to disappear desaparecer
disaster el desastre
to discover descubrir
in the distance a lo lejos
to do, make hacer
doctor el doctor, médico
dog el perro
dollar el dólar
domination la dominación
door la puerta; (**vehicle**) la portezuela
dozen una docena
doubt la duda
to doubt (**whether**) dudar (que)
drawer el cajón
dream el sueño
to dream (**of**) soñar (ue) (con)
to dress vestir (i)
dressed in vestido de
to drink beber
to drive (**car**) conducir
driver el conductor
to drop dejar caer
to dry secar
during durante
duty el deber

E

each cada
early temprano
to earn ganar
easy fácil
to eat comer
edge: on the edge of a orillas de
effort el esfuerzo
egg el huevo
elder mayor
else otro
empty vacío
to end terminar, acabar
end el fin
at the end of a fines de
energy la energía
England Inglaterra (*f.*)
English inglés
to enjoy oneself divertirse (ie -i)
enormous enorme
enough bastante
to enquire about enterarse de, preguntar por
to enter entrar (en)
entrance la entrada
error el error
especially especialmente, sobre todo
even (*adv.*) aun, todavía
evening la tarde
eventually finalmente, por fin
every cada
everybody todo el mundo
everything todo
everywhere por todas partes
exactly (**time**) en punto
exam el examen
to examine examinar
example el ejemplo
except excepto
to excuse disculpar, perdonar
exhausted agotado
expensive caro
to explain explicar
to export exportar
express el rápido
extensively extensamente
eye el ojo

F

face la cara
to face dar a
fair rubio
to fall caer
to fall asleep dormirse (ue -u)
to fall in love with enamorarse de
fame la fama
family la familia
famous famoso
fanatic fanático
far lejos
farmer labriego
fat gordo
father el padre
to be in favour of estar por
favourite favorito, preferido
fear el miedo
to feel inclined to tener ganas de
(**a**) **few** (unos) pocos
fifth quinto
to fight luchar
figure la figura
to fill up llenarse
filled with lleno de
finally por fin, al fin
to find hallar, encontrar (ue)
to find out about enterarse de
fine la multa
finger el dedo
to finish terminar
fire la lumbre, el fuego
firm la casa
first primero
at first (al) primero, al principio
fisherman el pescador
flat el piso
to flee huir
flight (**aircraft**) el vuelo
flower la flor
it is foggy hay neblina
to follow seguir (i)
following siguiente
to be fond of querer (ie), gustar (§108)
food la comida
football el fútbol
for por, para (Rule 42)
to forbid prohibir

to force obligar
to forget olvidar(se) (de)
former antiguo
fortnight quince días
fortune la fortuna
fourteen catorce
France Francia (*f.*)
free libre
French francés
friend amigo, amiga
frightened aterrado, despavorido
from de, desde
in front of enfrente de
fruit la fruta
full lleno

G

garage el garaje
garden el jardín
garlic el ajo
to gaze at mirar, contemplar
gentle suave
Geography la geografía
German alemán
Germany Alemania (*f.*)
to get angry enojarse, enfadarse
to get into subir a
to get lost perderse(ie)
to get ready prepararse
to get up levantarse
to get worse empeorar
ghost el fantasma
girl la chica
to give dar
to give up abandonar, renunciar
to give up hope perder (ie) las esperanzas
to be glad alegrarse de
glass (**tumbler**) el vaso; (**wine**) la copa
glasses (**spectacles**) las gafas
good evening buenas tardes
to go ir
to go away irse, marcharse
to go back volver (ue)
to go in entrar (en)
to go on (*with Gerund*) seguir(i)
to go out salir
to go round the world dar la vuelta al mundo
to go to bed acostarse (ue)
to go to sleep dormirse (ue -u)
to go up subir
grandmother la abuela
grape la uva
gratitude la gratitud
great gran, grande
ground el suelo
guest (**party**) el invitado, convidado; (**hotel**) el huésped
guitar la guitarra

H

half (*adj.*) medio
hall el vestíbulo
hand la mano
handsome hermoso
to happen pasar, ocurrir, suceder
happy feliz
hard duro
to work hard trabajar mucho, intensamente
hard-working trabajador
hat el sombrero
to have to tener que
he who el que, quien
head la cabeza
health la salud
to hear oir
help la ayuda, el auxilio
to help ayudar
Henry Enrique
here aquí
to hesitate (**to**) dudar (en), vacilar (en)
to hide esconder, ocultar
History la historia
hole el agujero
holiday las vacaciones
on holiday de vacaciones
at home en casa
hope la esperanza
to hope esperar
to be horrified at horrorizarse de

hot: to be hot tener calor (**people**), hacer calor (**weather**)
hotel el hotel
hour la hora
however sin embargo
how much, many cuanto
hundred cien, ciento
hundreds centenares
hungry, to be tener hambre
to hurry darse prisa, apresurarse
to be in a hurry tener prisa
to hurt (**injure**) herir (ie -i); **be painful**) doler (ue)
husband el marido

I

icy glacial
idea la idea
if si
ill enfermo
to imagine imaginar
important importante
it is important that importa que
immediately inmediatamente
impolitely descortemente, con malos modos
impossible imposible
in en; (*after superlative*) de
independence la independencia
inhabitant el habitante
to inherit heredar
injured herido
instead of en vez de
intelligent inteligente
to intend tener intención de
interesting interesante
to introduce presentar
to invade invadir
to invite convidar, invitar
iron el hierro
Italian italiano

J

John Juan
journey el viaje
July julio
to jump saltar
just: to have just acabar de (Rule 116)
just before un poco antes de

K

to kill matar
kindness la bondad
king el rey
kitchen la cocina
to know saber, conocer (Rule 106)

L

ladder una escalera
lady la señora
land la tierra (firme)
language el idioma
large grande
to last durar
last último; pasado
last night anoche
late tarde
to laugh (**heartily, loudly**) reirse(i) (a carcajadas)
lawyer el abogado
lazy perezoso
to lead conducir
leader el jefe
to lean apoyar
leaning apoyado
to learn aprender
at least por lo menos
to leave (**for**) salir (para), dejar, partir
left izquierda
to lend prestar
less menos (also Rule 30d)
lesson la lección
to let (**allow**) dejar, permitir
letter la carta
to liberate liberar
life la vida
to light (**fire**) encender(ie)
to like querer, gustar (Rule 108)
liner el trasatlántico
to listen escuchar
litre el litro
a little un poco de

little by little poco a poco
to live vivir
living room la sala (de estar)
to lock cerrar (ie) con llave
London Londres
long largo
long live viva (n)
to look parecer; estar (Rule 74)
to look for buscar
to lose perder (ie)
to lose sight of perder de vista
lottery la lotería
loud alto
loudspeaker el altavoz
to love querer(ie)
in love with enamorado de
lovely hermoso
low bajo
to be lucky tener suerte
luggage el equipaje
lunch el almuerzo
lying (down) acostado

M

machine la máquina
mad loco
man el hombre
to manage lograr
manager el gerente
many muchos
March marzo
to marry casarse con
to marvel maravillarse de
master el profesor
Mathematics las matemáticas
matter: it doesn't matter no importa; **what's the matter?** ¿Qué tiene? ¿Qué hay?
May mayo
to mean querer decir
means el medio
meat la carne
to meet encontrar (ue), conocer
merchant el comerciante
Mexican mejicano
midday mediodía
midnight medianoche
milk la leche
million un millón
millionaire el millonario
mine la mina
minute el minuto
to be mistaken equivocarse
moist húmedo
moment el momento
money el dinero
month el mes
moon la luna
more más
moreover además
morning la mañana
most más; (**majority**) la mayoría
mother la madre
mountain la montaña
mouth la boca
must deber, tener que, hay que (Rule 109)

N

narrow estrecho
near cerca de; (*adj.*) cercano, próximo
nearby cercano, cerca
neighbour el vecino
neighbourhood la vecindad
neither . . . nor ni . . . ni
nervous nervioso
never nunca
never mind no importa
news las noticias
newspaper el periódico, el diario
next próximo
night la noche
at nightfall al anochecer
no one, nobody nadie
noise el ruido
none ninguno
notebook la libreta
nothing nada
novel la novela
now ahora
nowadays hoy día
from now on desde ahora
nuisance el fastidio
numb aterido
number el número
numerous numeroso

to O

o obey obedecer
bliged obligado
observant observador
to occur ocurrir
ocean el océano
o'clock la hora (Rule 34)
October octubre
of de
office el despacho, la oficina
often muchas veces, a menudo
ointment la crema
old viejo, antiguo
on sobre, en; (*with Infin.* al)
once una vez
at once en seguida, inmediatamente
only único, solo; (*adv.*) sólo
to open abrir
to be of the opinion opinar
orchestra la orquesta
order (**command**) la orden
to order mandar, ordenar
in order to (*with Infin.*) para
in order that para que, a fin de que
other otro
ought: use deber
over sobre
to overlook dar a
to owe deber

P

paella la paella (Spanish dish)
to paint pintar
pale pálido
paper (**news**) el periódico, el diario
to pardon perdonar
parents los padres
to park estacionarse
part la parte
party la fiesta
passenger el pasajero
passport el pasaporte
to pay (**for**) pagar
payment la paga
pencil el lápiz
people la gente
perhaps quizá(s)
person la persona
to persuade persuadir
Peru el Perú
Philip Felipe
to phone telefonear
photo la foto
Physics la física
Physiology la fisiología
piano el piano
pity la lástima
to place poner
plane el avión
platform el andén
play una comedia
to play jugar (ue); tocar (**instrument**)
pleasant agradable
please por favor (Rule 114)
to be pleased to alegrarse de
point el punto
police la policía
policeman el policía
Police Station la Comisaría de Policía
pond el estanque
poor pobre
port el puerto
portrait el retrato
position la posición, la postura
possible posible
to prefer preferir (ie -i)
to prepare preparar
present el regalo
to present oneself presentarse
to be present at asistir a
pretty bonito
to prevent impedir (i)
prison, in en la cárcel
probably probablemente (Also Rule 81b)
to prolong prolongar
to promise prometer
prudent prudente
psychological psicológico
to pull out (**train**) arrancar; (**take out**) sacar
to put poner, meter

Q

quay el muelle
question la pregunta
quickly rápidamente, de prisa
quietly tranquilamente

R

radio la radio
railing la baranda
to rain llover (ue)
rain la lluvia
rather bastante, algo
to reach llegar a
to read leer
to realize darse cuenta de
to receive recibir
recently recién (*before Past Part.*)
receptionist el recepcionista
to recover recobrarse
to refuse rehusar, negarse (ie) a
to regret sentir (ie -i)
relatives los parientes
to rely on contar (ue) con
to remain quedarse, permanecer
remaining los demás
to remember acordarse (ue) de, recordar(ue)
remote remoto
to rescue salvar
to reserve reservar
rest el descanso
restaurant el restaurante
return la vuelta
to return volver (ue)
return ticket el billete de ida y vuelta
rich rico
right la derecha
to ring (**bell**) tocar, sonar (ue)
road el camino, la carretera
to rob robar
roll el panecillo
Roman romano
room (**hotel**) la habitación; **there is no room for** no cabe
ruin la ruina
to run correr
to run short apurar
to rush precipitarse, apresurarse
to rush out salir corriendo

S

sad triste
sailor el marinero, marino
same mismo
to say decir(i); **to say good-bye to** despedirse (i) de
school el instituto, la escuela
to scold regañar
sea el mar
to search (**for**) buscar
seasick mareado
seat el asiento
second segundo
to see ver
to seem parecer
seldom raras veces
self mismo
to sell vender
to send enviar, mandar
sense of humour el sentido del humor
serious grave, serio
to serve (**as**) servir (i) (de)
to set (**sun**) ponerse
to set off (**vehicle**) ponerse en marcha
several muchos
severe severo
to shake (**hands**) estrechar
sharp (**on time**) en punto
to shine brillar
ship el barco
shop el comercio, la tienda
to go shopping ir de compras
to be short of faltar
short: in a short time en poco tiempo
shortly afterwards poco después
shoulder el hombro
to shout gritar
to show mostrar (ue), enseñar
to show in hacer entrar
to shrug shoulders encogerse de hombros

to shut cerrar(se) (ie)
side el lado
to sigh suspirar
since desde que, puesto que
to sing cantar
sister la hermana
to sit (down) sentarse (ie)
to sit up incorporarse
sitting sentado
sitting room la sala (de estar)
situation la situación
to skate patinar
sky el cielo
to sleep dormir (ue -u)
to slip resbalar
slow lento
small pequeño
to smell of oler a
to smile sonreir(i)
to smoke fumar
to snore roncar
so (with Adj.) tan
so (conclusion) de modo que
so many, so much tanto
so that (purpose) para que
soaked to the skin calado hasta los huesos
soldier el soldado
some, a few algunos, unos
son el hijo
soon luego
as soon as luego que
as soon as possible cuanto antes
sooner antes, más pronto
to be sorry sentir (ie -i)
sound el ruido
to sound (siren) tocar (la sirena)
South el sur
South America Sud-América, la América del Sur
South American sudamericano
Spain España
Spanish español
to speak hablar
to spend (time) pasar; **(money)** gastar
in spite of a pesar de
to spread (news, fame) cundir
square la plaza
stairs, staircase la escalera
stall (theatre) la butaca
stamp (postage) el sello
to stand estar (quedar) de pie
star la estrella
to start empezar (ie), comenzar (ie), principiar; **(vehicle)** ponerse en marcha
to state decir, declarar
station la estación; **(police)** la comisaría de policía
stay la estancia
to stay quedar (se), permanecer
to steal from robar
step el paso
still todavía
stirring emocionante
stop (bus) la parada
to stop parar(se)
stormy tempestuoso
story la historia, el cuento
straits (sea) el estrecho
strange extraño
street la calle
strength la fuerza
to strike (time) dar
strong fuerte, potente, (bar) recio
struggle la lucha
study el estudio
to study estudiar
subject la asignatura
to succeed in conseguir (i), lograr
such (a) tal
suddenly de repente
to suit estar, sentar (ie)
suitcase la maleta
summer el verano
sun el sol
sunburn las quemaduras del sol
Sunday domingo
supper la cena; **to have supper** cenar
sure seguro
surprise la sorpresa
to surrender rendirse (i)
surrounded by rodeado de
to swim nadar

sympathetic simpático

T

table la mesa
to take advantage of aprovechar
to take leave of despedirse (i) de
to take notice of hacer caso de
to take off quitar
to take place tener lugar, suceder
to take refuge refugiarse
to take a stroll dar un paseo
to take up subir
to talk hablar
talkative hablador
tall alto
to taste of saber a
taxi el taxi
to teach enseñar
to telephone telefonear
to tell decir a
terror el terror
to thank agradecer, dar gracias a
thanks gracias (*f.*)
that ese, aquel; que
theatre el teatro
then entonces
there allí, allá
there is, was, will be hay, había (hubo), habrá
thing la cosa
to think pensar (ie), creer
third tercero
to be thirsty tener sed
this este
thousand mil; **thousands** millares
to threaten amenazar
ticket el billete
time (**occasion**) la vez; (**while**) el rato; (**of day**) la hora; (**in history**) la época; el tiempo
from time to time de vez en cuando
in time a tiempo
tip la propina
tired cansado
to a
today hoy
tomorrow mañana
too, too much demasiado
town el pueblo, la ciudad
trace el rastro
train el tren
transport el transporte
to travel viajar
traveller el viajero
travel agency la agencia de viajes
tree el árbol
to tremble temblar (ie)
to triumph over triunfar de
to trouble molestar
trouble el apuro; **it is worth the trouble** vale la pena
true (*adj.*) verdadero
truth la verdad
to try tratar de, intentar, procurar; (**taste**) probar (ue)
Tuesday martes
to turn volver (ue); (**become**) ponerse
to turn round volverse (ue)

U

uncle el tío
uncomfortable incómodo
under bajo, debajo de
to understand comprender
unexpected inesperado
unfortunate desgraciado, pobre
unfortunately por desgracia
united unido
United States Estados Unidos
university la universidad
unless a menos que
unspeakable indecible
until hasta (que)
useful útil
usually generalmente; soler (ue) (Rule 117)

V

to vanish desvanecerse
vast vasto
vegetable la legumbre
veritable verdadero
very muy; (**with noun**) mismo
very much muchísimo

village la aldea
to visit visitar
visitor la visita
voice la voz
voyage el viaje

W

to wait (for) esperar, aguardar
waiter el camarero, mozo
waiting room la sala de espera
to wake up despertarse (ie)
to walk ir a pie; (**take a stroll**) dar un paseo
wall la pared, la tapia
to want querer (ie)
to be warm tener calor
to wash lavar
to waste malgastar
watch el reloj
water el agua (*f.*)
to wave hacer señas
way el camino
wealthy rico
weather el tiempo
week la semana
to weigh pesar
to welcome dar la bienvenida
well bien
what (that which) lo que
what a qué
whatever cualquiera
when cuando
where donde
which que: cual
while (with verb) mientras (que); (**time**) un rato
whistle el silbido
white blanco
who, whom quien
whose de quien, cuyo
wife la esposa, mujer
to win ganar
window la ventana; (**car, train,** *etc.*) la ventanilla
wine el vino
winter el invierno
wise prudente
to wish querer (ie)
with con
within dentro de
without (a) sin
woman la mujer
wooden de madera
work el trabajo
to work trabajar; (**machine**) andar, funcionar
workman el obrero
world el mundo
to worry preocuparse
worse, worst peor
to be worth valer
would (wish) querer (ie)
would that — ojalá que —
to write escribir
to be wrong no tener razón

Y

yard un metro
year el año
yes sí
yesterday ayer
yet ya, todavía
yoke el yugo
young joven
younger menor

INDEX OF GRAMMAR

The numbers refer to the Grammar sections.

W

Y